Gustav Brandt

Grundlinien der Philosophie von Thomas Hobbes

insbesondere seine Lehre vom Erkennen

Gustav Brandt

Grundlinien der Philosophie von Thomas Hobbes
insbesondere seine Lehre vom Erkennen

ISBN/EAN: 9783744668491

Hergestellt in Europa, USA, Kanada, Australien, Japan

Cover: Foto ©ninafisch / pixelio.de

Weitere Bücher finden Sie auf **www.hansebooks.com**

Grundlinien der Philosophie

von

Thomas Hobbes

insbesondere seine

Lehre vom Erkennen.

Inaugural-Dissertation

zur Erlangung der Doktorwürde

der philosophischen Fakultät zu Kiel

vorgelegt von

Gustav Brandt
aus Kiel.

KIEL.
Druck von Chr. Donath.
1895.

Seinen lieben Eltern

in

Dankbarkeit gewidmet

vom Verfasser.

Inhalts-Verzeichnis.

Seite

Einleitung: Thomas Hobbes historische Stellung und seine Bedeutung für seine Zeitgenossen. Seine Erkenntnislehre ist noch gegenwärtig von Interesse wegen der Verbindung von Sensualismus und Rationalismus, die sie zeigt. Zu ihrer Darstellung bedarf es zunächst einer kurzen Schilderung seiner Lehre vom Sein und Geschehen, sowie vom Empfinden und Vorstellen. 1

I. Das Sein und Geschehen 3
  A. Das Sein 4
    a. Der Raum 4
    b. Die Zeit 5
    c. Der Körper 5
    d. Die Accidentien 7
    e. Hobbes Annahme einer realen Existenz der Materie und ihre Begründung 8
    f. Hobbes und Cartesius Lehre von der Phänomenalität der sensiblen Qualitäten 9
  B. Das Geschehen 10
    a. Die Bewegung 10
    b. Die Wirkung und Ursache 11
    c. Die Bewegung ist die Ursache alles Geschehens 11
    d. Die wichtigsten Bewegungsgesetze 12
    e. Die wichtigsten Bewegungsformen 14

II. Das Empfinden und Vorstellen 16
  A. Das Empfinden 16
    a. Das seelische Geschehen ist Bewegung 16
    b. Empfindungen sind Veränderungen des empfindenden Körpers . . . 16
    c. Die Empfindungsvorgänge 16
    d. Definition von Empfindung 17

	Seite
e. Um empfinden zu können, bedarf es des unterscheidenden Urteils und der Erinnerung	17
f. Zur Empfindung ist ferner ein beständiger Wechsel der Eindrücke nötig	18
g. Zu einer Zeit kann nur eine Empfindung bestehen	18
h. Die auf unsere Organe wirkenden Eindrücke bedürfen einer gewissen Stärke, um empfunden zu werden	19
B. Das Vorstellen	19
a. Die Einbildungsvorstellungen	19
b. Definition von Vorstellung	20
c. Die Schwächung der Einbildungsvorstellung wird durch Einwirkung gegenwärtiger Objecte bedingt	20
d. Die Träume	20
e. Einbildung und Erinnerung	21
f. Erfahrung	21
g. Die Reihenfolge und Verbindung der Vorstellungen	21
h. Irreguläre und regulierte Vorstellungsreihen	22
i. Die regulierten Vorstellungsreihen können in der Auffindung von Ursachen oder Mitteln oder von Wirkungen und Nutzen der Dinge enden	22
k. Einfache und zusammengesetzte Einbildungsvorstellungen	23
C. Körperliche Vorgänge	23
a. Beim Empfindungsakt	23
b. Die motus vitales	25
D. Das Gefühl und die daraus entspringenden seelischen Thätigkeiten	25
a. Lust und Unlust	25
b. Die motus animales et volumtari	26
E. Kritische Betrachtungen	26
a. Was bedeutet bei Hobbes Empfindung und Empfindungsvorstellung metaphysisch	26
b. Das Subject der Empfindung	28
c. Hobbes und Cartesius über die Natur des „Ich"	29
d. Wie erklärt Hobbes die Thatsache des Bewußtseins	31
Rückblick und Ueberleitung zum dritten Teil	32
III. Th. Hobbes Lehre vom Erkennen	33
1. Darstellung der Lehre vom Erkennen	33
A. Der Gedanke	33
a. Der Ursprung der Gedanken	33
b. Der Gedanke metaphysisch betrachtet	34

	Seite
c. Die Entstehung der Gedankenverbindungen	34
d. Die irregulären und regulierten Gedankenreihen	35
e. Auf die Zukunft gerichtete Gedankenreihen	36
B. Vernunft und Vernunfterkenntnis	37
a. Erfahrungserkenntnis und wissenschaftliche Erkenntnis	37
b. Die Vernunft	37
c. Das Schliefsen oder Denken ist ein Rechnen mit Worten	38
d. Die Definition vom Schliefsen	39
e. Die cognitio τοῦ ὅτι und die cognitio τοῦ διότι	40
C. Die Sprache	41
a. Die Erfindung der Sprache	41
b. Das Verhältnis des Wortes zum Ding und Gedanken	41
c. Die Gedanken- und Wortreihen	42
d. Der Gebrauch der Sprache als nota und signum unserer Gedanken	42
D. Logik I	43
a. Das Wort und seine Einteilung	43
α. Die Definition von Wort	43
β. Die Einteilung der Worte	44
(Der Satz der Identität ist das Fundament aller Schlufsfolgerung.)	44
(Es giebt keine allgemeinen Vorstellungen.)	45
b. Der Aussagesatz und seine Formen	46
α. Die Definition vom Aussagesatz	46
(Die Konkreta und Abstrakta.)	46
β. Die Unterscheidung der Aussagesätze	47
c. Der Syllogismus und seine Figuren	50
α. Das Wesen des Syllogismus	50
β. Die Figuren des Syllogismus	52
d. Der Irrtum und die Täuschung	54
E. Rückblick und Ueberleitung	56
Der Wert der Sprache für die Erkenntniss	56
F. Logik II. Die Methode	57
I. Methodus inveniendi	57
a. Begriff und Aufgabe der Methode	57
b. Analytische und synthetische Methode	58
c. Der Ausgangspunkt für die Methode	58
d. Die Methode, um Wissen im allgemeinen zu erlangen	58
e. Die Methoden, um eine bestimmte Aufgabe zu lösen	60
α. Es soll erkannt werden, ob ein bestimmtes Etwas Materie oder Accidenz sei	60

	Seite
β. Es soll untersucht werden, welchem Gegenstand ein bestimmtes Accidenz zukommt	61
γ. Die Ursache einer bestimmten Erscheinung ist zu suchen	61
2. Methodus demonstrandi	62
a. Begriff und Aufgabe der Beweisführung	62
b. Die Methode der Beweisführung ist synthetisch	63
c. Der Ausgangspunkt für das Beweisverfahren, die Definition	63
α. Die Arten der Definition	63
β. Die Definition eines nomen compositum und nomen simplex	64
γ. Die Definition der Definition	65
d. Gültigkeit des Beweises	65
e. Regeln für das Beweisverfahren	65
G. Das Ergebnis der Erkenntnislehre Hobbes	66
a. Der synthetische und analytische Erkenntnisweg und ihr Wert für die Erlangung von Erkenntnis	66
b. Hobbes Ansicht in De homine und im Leviathan über den Umfang möglicher Erkenntnis	68
H. Das System der Wissenschaften	69
a. In De corpore und De cive	69
b. Das System der Wissenschaften im Leviathan	72
c. Die philosophia civilis	73
J. Ziel und Zweck der Wissenschaft	74
Ende des darstellenden Theils	75
2. Kritik der Lehre Hobbes vom Erkennen	76
Ende	82

Einleitung.

Thomas Hobbes[1]) zählt zu den Gelehrten des Siebzehnten Jahrhunderts, welche der neueren Philosophie die Wege bahnten. Wie Baco von Verulam und Pierre Gassendi kämpfte er gegen die scholastische Kirchenphilosophie für eine von der Theologie unabhängige Wissenschaft [2]), deren Zweck in der Verwertung der gewonnenen Erkenntnisse zur Bereicherung des menschlichen Daseins bestehen sollte. Seiner Feindschaft gegen die auf aristotelischer Grundlage philosophierende Theologie giebt er in der Widmungsschrift zu seinem Buche „De corpore" Ausdruck:

Man habe dem Christentum soviel Schädliches und Unpassendes aus Aristoteles [3]) beigefügt, dass man an Stelle des Glaubens die hinkende Theologie bekommen, die schon ungezähltes Unheil gestiftet hätte.

Demgegenüber empfiehlt er die Einführung einer Staatsreligion, die sich nur auf die heilige Schrift gründe und die Philosophie der natürlichen Vernunft überlasse.

Wissenschaft will er strenge vom Glauben und von den übernatürlichen Offenbarungen getrennt wissen, da letztere nicht durch Vernunft erworben, sondern als Geschenk empfangen werden müssten. [4])

Wenn auch Hobbes mit Bacon die Gegnerschaft gegen die Scholastik teilt, wenn beide auch in der Ueberzeugung, dafs

---

[1]) Thomas Hobbes, geboren 1588 zu Malmesbury, Sohn eines Geistlichen, bezog mit 14 Jahren die Universität Oxford. Später wurde er Erzieher und Reisebegleiter des Grafen von Devonshire. In letzterer Eigenschaft fand er Gelegenheit die berühmtesten Männer seiner Zeit kennen zu lernen. Gest. 1679.
[2]) Philosophia, ut crescat, libera esse debet, nec metu nec pudore coercenda. Ep. dedic. Lux math.
[3]) Aehnlich Leviathan, Cap. XII. Bd. III, 96.
[4]) De corp. I, 8. Lev. XLVI. Bd. III, 490.

die Sinne die einzige Erkenntnisquelle seien, sowie in der Ansicht über den practischen Zweck der Wissenschaft übereinstimmen, so darf man doch nicht Hobbes einen Anhänger oder gar Schüler Bacons nennen; denn, wie J. Bergmann (Geschichte der Philosophie Bd. I, 211) hervorhebt, die Uebereinstimmung beider wird überwogen durch den Gegensatz, in den Hobbes zu Bacon tritt mit seinen weiteren Ansichten über das Erkennen und die allgemeine Natur der Dinge.

F. Tönnies[1]) weist, indem er die Meinung, Hobbes sei ein Schüler Bacon's gewesen, widerlegt, auf den grofsen Einflufs hin, den Galilei's Lehre über Bewegung auf Hobbes gesammtes Denken gehabt habe. Auch Hobbes selber betont öfter Galilei's Bedeutung; so sagt er:[2]) primus, qui scripsit de motu, quod dignum lectu erat, fuit Galilaeus. Dagegen findet Bacon nur einmal ganz beiläufige Erwähnung in Problem. phys. Cap. 2, Bd. IV, 317.

Unter seinen Zeitgenossen war Hobbes am meisten als politischer Schriftsteller bekannt. Auch wandte er sein eigenes Interesse am nachdrücklichsten der Moral und Politik zu.

In der Dedication zu Quad. circuli 1669 äufsert er sogar, dafs es nur Eine ernsthafte Philosophie gäbe, die vom Frieden und Glück der Bürger handle, die übrigen seien nichts als Spiel. — Seiner Thätigkeit auf diesem Gebiete legte er grofse Wichtigkeit bei. In der schon Anfangs erwähnten Dedicationsepistel zu „De corpore" rühmt er sich, die Politik als Wissenschaft erst begründet zu haben. Wie man den Beginn der Astronomie nicht vor Nik. Kopernikus setzen dürfe, wie Galilei uns mit seinen Erkenntnissen über die Natur der Bewegung zuerst die Pforte einer allgemeinen Physik geöffnet habe, wie endlich Harvey in seinen berühmten Schriften über die Bewegung des Blutes und die Zeugung der Geschöpfe den wichtigsten Teil der Physik, die Kenntnis vom menschlichen Körper aufdecke, so sei die philosophia civilis (so nennt er die neue, Moral und Politik umfassende Wissenschaft) nicht älter als das Buch über den Bürger, das er selber geschrieben habe.

---

[1]) Anmerk. über die Philosophie Hobbes. Vierteljahrsschrift für wissenschaftliche Philosophie. Bd. III, 459.
[2]) Examin. et emend. math. hod. Bd. III, 84.

Hobbes will zu festen Erkenntnissen auf dem Gebiet der Moral und Politik gelangen durch Anwendung der mathematischen Methode, die in der Physik zu so glänzenden Resultaten geführt hatte. Durch diese Methode verbindet er die philosophia civilis, die den Menschen nützlichste Wissenschaft, mit den übrigen Wissensgebieten. Wie er diese Verbindung glaubt herstellen zu können, darauf werde ich näher einzugehen haben bei der Darstellung des Systems der Wissenschaften.

Hier sei nur erwähnt, dafs Hobbes, ausgehend von der Annahme der Gleichheit aller Menschen und dem Kriege Aller gegen Alle im Urzustande, zu einem radikalen Absolutismus gelangte, der dem Regierenden unbedingte Gewalt über alle Unterthanen gab, so weit gehende Gewalt, dafs er auch, den Glauben des Einzelnen zu bestimmen, die Befugnis habe.[1]

In seinem von Parteileidenschaften und Bürgerkriegen aufgeregten Vaterlande konnte die Lehre Hobbes, die sich so entschieden auf die Seite der Anhänger des Königtums stellte,[2] nicht ohne grofsen Eindruck bleiben, der sich freilich vorwiegend in dem Protest Andersdenkender, besonders in dem fanatischen Hafs der Geistlichkeit und der Akademiker[3] gegen den Verfasser des Leviathan und des Buches über den Bürger geäufsert zu haben scheint.

Heute dürften die oft paradoxen veralteten politischen Anschauungen Hobbes kaum noch Aufmerksamkeit finden; ebenso gewinnen alle jene Momente, die ihm seine historische Stellung als einer der Vorläufer der neueren Philosophie geben, wohl nur die Teilnahme des Geschichtschreibers der Philosophie. Ausnehmen läfst sich davon die

---

[1] Spinoza gelangte von denselben Voraussetzungen zu einer fast entgegengesetzten politischen Anschauung.

[2] Hobbes selber bekennt sich offen zur Königspartei; so sagte er Quadrat. circ. Bd. IV, 521: Ego in partibus contra regem nunquam fui u. s. w.

[3] De nat. aeris Bd. IV, 273 sagt Hobbes: nam ex eo tempore irati physici et mathematici veritatem ab eo (sc. Hobbio) venientem non recepturos se palam professi sunt: „doctrinam Hobbii, inquiebat Owenus vice-cancellarius Oxonii, quaecunque ea sit, non recipiemus."

Sein Kampf gegen die Mathematiker der Akademie, besonders gegen Wallisius ist bekannt, Hobbes widmet diesem Streit die Schriften: Examinatio et emendatio mathematicae hodiernae und De principiis et ratione Geometrarum (Bd. IV. der Lat. Werke) sowie Lux math. Bd. V.

Erkenntnislehre Hobbes. Sie ist interessant, nicht nur, weil sie nicht ohne Einflufs auf Locke, Berkeley und Leibniz blieb, sondern vor allem wegen der eigentümlichen Verbindung von Sensualismus und Rationalismus, welche sich in ihr zeigt. Sie bildet den Gegenstand der nachfolgenden Darstellung.

Ich benutze für meine Darstellung in erster Linie die unter dem Titel Elementa philosophiae vereinigten Bücher: De corpore (1653), De homine (1658), De cive (1647)[1]), weil ich glaube, in ihnen die abschliefsenden Anschauungen unseres Philosophen am einheitlichsten dargestellt zu finden.

Ehe ich jedoch Hobbes Ansichten über das Erkennen wiederzugeben versuche, bedarf es einer kurzen Erwähnung seiner Lehre über das Sein und Geschehen, über das Empfinden und Vorstellen als Grundlage seiner Lehre über das Erkennen.

I. Das Sein und Geschehen.
A. Das Sein.
a. Der Raum.

Um den Begriff des Raumes klar zu machen, nimmt Hobbes (De corp. VII, 1 u. 2) an, dafs alles Seiende bis auf einen Menschen vernichtet wäre. Diesem Menschen würden dennoch die Vorstellungen aller Gegenstände, die er einst durch seine Sinne wahrgenommen, die Vorstellung von Gröfsen, Bewegungen, Tönen, Farben u. s. w. in seinem Gedächtnis und seiner Einbildung bleiben, und zwar würden ihm diese Vorstellungen nicht als ihm, dem Vorstellenden, innerliche Zustände erscheinen, sondern er würde glauben, dafs sie äufsere, von seiner Vorstellung unabhängige Erscheinungen wären. Wenn er nun die Vorstellung irgend eines Gegenstandes betrachtet, welcher vor der angenommenen Vernichtung der Aufsenwelt bestanden hat, nicht in Bezug auf seine frühere Beschaffenheit, sondern einfach als etwas, das ausgedehnt war, so erhält er eine Vorstellung, welche wir Raum nennen. Der Raum ist also nicht Ansich-Sciendes, sondern

---

[1]) An Stelle des Buches über den Bürger werden oft die eingehenderen Ausführungen des Leviathan benutzt werden.

Meiner Darstellung liegt der von Molesworth London 1839—45 herausgegebene lateinische Text der philosophischen Schriften meines Autors zu Grunde.

nur ein Vorgestelltes, Imaginäres. Der imaginäre Raum ist die Vorstellung der Ausgedehntheit, die uns aus der Betrachtung ausgedehnter Dinge entsteht. Die Ausdehnung der Körper steht zum Raume in dem Verhältnis von Ursache zur Wirkung; dieser ist ein Accidens unserer Seele, jene der Körper aufser uns. (De corp. VIII, 4). Hobbes definiert daher (De corp. VII, 2): spatium est phantasma rei existentis, quatenus existentis, id est, nullo alio ejus rei accidente considerato praeterquam quod apparet extra imaginantem.

b. Die Zeit.

Wie der Körper die Vorstellung seiner Ausgedehntheit, so lässt der bewegte Körper die Vorstellung seiner Bewegtheit in unserem Geiste zurück; indem wir nun das Aufeinanderfolgen der Bewegungsmomente betrachten, entsteht uns die Vorstellung der Zeit.[1])

Zeit wird also nicht in der Körperwelt, sondern nur, wie der Begriff des Raumes, in der Erwägung unseres Geistes gefunden. Hobbes definiert demgemäfs (De corp. VII, 3) tempus est phantasma motus, quatenus in motu imaginamur prius et posterius sive successionem (siehe ferner De corp. VIII. X bis XII, 4. Exam. et em. math. hod. Dial. III. motus mensura temporis).

c. Der Körper.

Capitel VIII seines Buches über den Körper leitet Hobbes wie folgt ein:

Nachdem wir verstanden haben, was der imaginäre Raum ist, indem wir annehmen, dafs nichts Aeufseres sei, sondern nur die Vernichtung der einst existierenden Dinge, die ihr Bild in unserem Geiste zurückgelassen haben, nehmen wir jetzt an, es werde etwas von ihnen wieder zurückversetzt, oder aufs Neue geschaffen; alsdann ist es nöthig, dafs jenes Geschaffene oder Zurückversetzte nicht nur einen Teil des erwähnten Raumes einnehme oder mit ihm zusammenfalle (oder sich über ihn erstrecke) und ihn ausfülle, sondern auch, dafs es etwas sei, welches von unserer Vor-

---

[1]) Aristoteles definirt die Zeit als Zahl der Bewegung: χρόνος ἀριθμὸς κινήσεως·. — Ἀριθμὸς κινήσεως κατὰ τὸ πρότερον καὶ ὕστερον.
Aristoteles Phys. VIII, 1. 251, b, 10. De coelo I, 9. 279, a, 14.

stellung nicht abhänge. Ebendies ist es, was man seiner Ausgedehntheit wegen Körper zu nennen pflegt, wegen seiner Unabhängigkeit von unserem Denken subsistens per se, und weil es aufser uns subsistiert, existens, endlich, weil es angesehen wird als Etwas, das sich über den imaginären Raum erstreckt und in ihn supponiert wird, so dafs nicht mit den Sinnen, sondern nur mit dem Verstande erkannt wird, dafs dort etwas sei, suppositum oder subjectum. Daher ist die Definition des Körpers diese: corpus est quicquid non dependens a nostra cogitatione cum spatii parte aliqua coincidit vel coextenditur.

Der Körper ist also zunächst etwas wirklich d. h. an sich Sciendes, vom Wahrgenommenwerden Unabhängiges. Das bestätigt Hobbes auch an anderen Stellen, z. B. Leviathan cap. XXXIV. Der Körper hängt nicht von unserer Vorstellung ab, sondern ist ein realer Teil dessen, was wir Universum nennen. Das Universum nämlich, das Aggregat sämtlicher Körper, hat keinen Teil, der nicht Körper wäre, noch wird irgend etwas im eigentlichen Sinne Körper genannt, das nicht ein Teil des gesamten Universums wäre. Aber die Existenz des Körpers, des realen Teils des Universums, wird uns nur durch den Verstand erschlossen (Object. ad Cart. med. object. IX), wir vermögen ihn nicht, wie oben angeführt, durch die Sinne wahrzunehmen. [1]

Die wechselnden Erscheinungen, welche wir wahrnehmen, entstehen und vergehen, nicht so die Materie, die den Erscheinungen zu Grunde liegende Substanz (De corp. VIII, 20. 23).

Diese Materie ist aber nicht nur für uns etwas ganz Unvorstellbares, rein Begriffliches, sie ist auch etwas an sich vollkommen Indifferentes, Totes, da nach Hobbes (z. B. De corp. IX, 9) jede Veränderung Bewegung ist, und Bewegung einem Körper nur von aufsen mitgeteilt werden kann (De corp. XXII, 17. XXX, 2. Problem. phys. caput 1. u. s. f.).

[1] Hobbes citiert in dem zweiten Einwurf gegen die Meditationen des Cartesius als passende Erläuterung für seine Auffassung der Materie das von diesem (meditatio II.) angeführte Beispiel von dem Stücke Wachs, welches in die Nähe des Feuers gebracht, alle sinnlich wahrnehmbaren Eigenschaften, die es vorher besafs, wie Härte, Geruch, Farbe und Form ändere und doch dasselbe Stück Wachs bleibe. Die Identität beruht nicht auf den sinnlich wahrnehmbaren Eigenschaften des Stückes Wachs, sondern nur auf der ihnen zugrundeliegenden, nur durch die Vernunft erkannten Substanz.

d. Die Accidentien.

Die Verschiedenheit der scheinbar selbständigen Erscheinungen, denen die unwahrnehmbare, unvergängliche Materie zu Grunde liegt, entsteht durch verschiedene Einwirkung dieser Materie auf unsere Sinnesorgane. Die Art der Einwirkung veranlafst, dafs wir jene Erscheinungsweisen den wirkenden Körpern zuschreiben und meinen, sie seien Eigenschaften der Körper selbst (Leviathan XXXIV), während sie thatsächlich nur die Weisen sind, wie die Körper von uns aufgefafst werden. Diese Erscheinungsweisen der Körper nennt Hobbes ihre Accidentien (De corp. VIII, 2). Accidentien sind also weder Dinge selbst, noch Teile von Dingen (De corp. III, 3. VIII, 3); sie sind nicht in den Körpern enthalten, wie ein Teil im Ganzen, sondern wie Gröfse in dem, was grofs ist. Die Körper und ihre Accidentien, nach denen sie verschieden erscheinen, unterscheiden sich so, dafs die Körper res non genitae, die Accidentien genita, sed non res, sind (De corp. VIII, 20).

Nicht in Uebereinstimmung mit diesen terminologischen Bestimmungen nennt Hobbes als ein dem Körper wesentliches Accidens die Ausgedehntheit; an anderer Stelle (De corp. VIII, 23) bezeichnet er die Ausgedehntheit als essentia corporis; der Ausgedehntheit fügt er als gleichfalls den Körpern wesentliches Accidens die Form hinzu (eadem essentia quatenus generata. De corp. VIII, 23) und stellt diesen beiden alle übrigen Accidentien als den Körpern unwesentlich gegenüber. Gewisse Accidentien, sagt Hobbes (De corp. VIII, 3), können vom Körper ohne den Untergang desselben nicht entfernt werden, nämlich ein Körper ist ohne Ausgedehntheit und Figur überhaupt nicht denkbar. [1])

Die übrigen Accidentien dagegen, die nicht allen Körpern gemeinsam sind, sondern nur einzelnen besonders zukommen, wie Ruhen, Bewegtwerden, Farbe, Härte und ähnliche, vergehen in beständigem Wechsel, die Materie aber vergeht niemals. Die der Materie wesentliche Ausgedehntheit kommt ihr wirklich, unabhängig

---

[1]) Locke beschrieb sie später als diejenigen uns aus der Sensation bekannten Eigenschaften der Körper, welche von ihnen bei allen Veränderungen, allem Wechsel und trotz aller gewaltsamen Einwirkungen unzertrennlich sind. Diese Eigenschaften, die er original, primary qualities, nennt, sind Massigkeit, Ausdehnung, Gestalt, Beweglichkeit, Zahl (Locke, Versuche über den menschlichen Verstand. Buch II. cap. VIII. § 9).

vom Wahrgenommenwerden zu (De corp. VIII. 4). Sie kann, wie die unvergängliche Materie, nicht entstehen und vergehen (De corp. VIII, 20). Man muss sich aber hüten zu glauben, dafs Hobbes unter ihr die von uns an den Dingen wahrgenommene Ausdehnung oder Gröfse und Form verstanden wissen wolle; denn Gröfse und Form, wie sie dem Betrachtenden erscheinen, wechseln je nach dem Standpunkt und der Entfernung des Beschauers, obwohl der Gegenstand selbst unverändert bleibt, sie können also nicht etwas den Gegenständen an sich Zukommendes sein, sind vielmehr nur Phantasmata (d. h. ipsi imaginanti interne accidentia. De corp. VII, 1; sentiendi actus XXV, 3), wie Farbe, Licht, Ton u. s. w. (De corp. V, 6).

Dafs die sensibeln Qualitäten, die später von Locke sogenannten secundären Qualitäten, auf reale, unabhängig vom Wahrgenommenwerden bestehende Existenz keinen Anspruch haben, lehrt Hobbes, aufser an den schon angeführten, an vielen anderen Stellen, z. B. De corp. V, 4. XXV, 3. Lev. I. u. s. w. Sie sind nur durch Einwirkung der Körper auf unsere Sinnesorgane hervorgerufene Vorstellungen; denn wenn jene Farben und Töne dem Objecte selbst angehörten, so könnten sie nicht von ihm getrennt werden; das geschieht aber thatsächlich, z. B. bei den Gesichtswahrnehmungen durch den Spiegel (Lev. I, 6).

e. Hobbes Annahme einer realen Existenz der Materie und ihre Begründung.

Demnach existiert jeder Körper wirklich, aber was wir von ihm wahrnehmen, seine Erscheinung, ist nur phänomenal (Problem. phys. IV; app. ad Lev. cap. I. Bd. III, 537). Hobbes giebt also zu, dafs die Existenz der Körper keine von uns wahrgenommene Thatsache ist, dafs wir auch nicht einmal eine Vorstellung von ihnen haben, vielmehr nur durch die Vernunft auf eine den Erscheinungen zu Grunde liegende reale ausgedehnte Substanz schliefsen können.

Eine Begründung für die Nothwendigkeit der Annahme körperlicher Substanz habe ich bei Hobbes nicht finden können, denn dafs er unkörperliche Substanz für undenkbar erklärt (Lev V. Lev. XXXIV. app. ad Lev. cap. III. De corp. III, 4) kann für eine solche nicht gelten.

Gleichwohl mufs Hobbes einen Grund für die Annahme der realen Materie gehabt haben. Ich glaube ihn in dem Umstande suchen zu dürfen, dafs ohne die Voraussetzung körperlicher Substanz seine ganze, auf dem Stofs als Ursache beruhende Bewegungslehre den Boden verlieren würde.[1] Die mechanistische Weltanschauung Hobbes fordert eine reale Materie, und weil ihm jene, durch den Einflufs Galilei's und durch seine mathematischen Studien befestigt, die Erscheinungen am consequentesten zu erklären schien, setzte er diese voraus. Aus Bewegung, die der Materie wie die Ausgedehntheit wirklich zukommt (Problem. phys. cap. IV. ebenso Lev. IX. Bd. III, 66), glaubt er alle Veränderung, alles Geschehen, demonstrieren zu können.

f. Hobbes und Cartesius Lehre von der Phänomenalität der sensibeln Qualitäten.

Cartesius suchte bekanntlich die reale Existenz einer ausgedehnten Substanz durch die Begründung zu retten, dafs es mit der Wahrhaftigkeit Gottes nicht vereinbar sei, uns mit Erscheinungen zu täuschen, denen überhaupt gar nichts Reales zu Grunde liege. (Meditatio VI. Ex eo enim, quod Deus non est fallax, sequitur omnino in talibus me non falli.)[2]

Hobbes verzichtet überhaupt auf Begründung für die Annahme einer realen Materie. Beide stimmen jedoch überein in der Erkenntnis, dafs die sensibeln Qualitäten den Dingen nicht an sich zukommen. Wer von ihnen hierin voranging, vermag ich nicht zu entscheiden. Cartesius erklärte bereits 1637 in der Dioptrik (Essays Philosophiques) die sekundären Qualitäten für Phänomene.

Es ist gewifs, dafs Hobbes durch diese Schrift in vieler Beziehung angeregt worden ist. Aber nach seiner eigenen Aussage[3] hat er schon sieben Jahre vor dem Erscheinen der Essays, 1630 dem Grafen Wilhelm von Newcastle gegenüber das Licht

---

[1] Sciunt tamen omnes, nihil moveri praeter corpus, neque motus concipi nisi corporis posse. De Principiis et ratione geometrarum. Cap. II. Bd. IV, 393.
[2] Dagegen Hobbes Object. ad Cart. Medital. Object. XV. Bd. V, 237.
[3] Vergl. F. Tönnies Anmerk. über die Philosophie Hobbes, Vierteljahrsschrift für wissenschaftliche Philosophie. Bd. III. S. 464.

für eine Einbildung des Geistes erklärt (Engl. works ed. Molesw.
VII, p. 468) und aus einem ungedruckten Tractat, enthalten in
einem Manuskript-Bande des British Museum, den Tönnies für
die früheste philosophische Arbeit Hobbes hält, teilt er mit, dafs
hier die Wahrnehmungen wie Licht, Farbe und Wärme bereits
als Wirkungen äufserer Dinge auf die animalischen Geister bezeichnet werden.

Diese Angaben stehen im Einklang mit dem, was Hobbes
in seiner in Versen abgefafsten Selbstbiographie (Vita. B. I.
p. 39) sagt. Darnach kam ihm die Erkenntnis, dafs die Erscheinungsweisen der Körper Geschöpfe unseres Gehirns seien,
während der dritten Reise auf dem Festland,[1]) die er mit dem
Grafen von Devonshire, dem Sohne seines ersten Zöglinges,
unternahm, also ungefähr 1629. Er schrieb jedoch zunächst, wie
er ausdrücklich bemerkt, noch nichts auf. Es könnte nun seine
dem Grafen von Newcastle gemachte Äusserung mit der Ab-
fassung des von Tönnies aufgeführten Tractates zusammen in das
Jahr 1630 fallen. Daraus würde dann hervorgehen, dafs Hobbes
früher als Cartesius, und jedenfalls unabhängig von ihm die
sekundären Qualitäten als phänomenal nicht nur erkannte, sondern
auch erklärte.

B. Das Geschehen.
a. Die Bewegung.

Ich kehre nach dieser Abschweifung zur Darstellung der
metaphysischen Anschauungen Hobbes zurück.

Wie oben schon gezeigt ist, schreibt Hobbes den Körpern
als reale Accidentien Ausgedehntheit und Bewegung zu.[2])

Bewegung wird als beständige Ortsveränderung des Bewegten
definiert (De corp. VI, 6. VIII, 10. XV, 1. motus est unius loci pri-
vatio, alterius acquisitio continua).

---

[1]) derselben, auf welcher er Galilei kennen lernte.
[2]) — illa, quae a doctis appellantur accidentia corporum praeter motum
et magnitudinem omnia esse phantasmata, non objectis sed sentienti adhaerentia.

b. Die Wirkung und Ursache.

Die Körper wirken auf einander durch die besondere Weise ihrer Bewegung (non propterea, quod sunt corpora, sed quod talia vel taliter mota. De corp. IX, 3). Die Ursache der hervorgebrachten Wirkung liegt sowohl in dem Bewegungszustande des Agens als des Patiens. Wenn auf beiden Seiten die zur Hervorbringung einer Wirkung nötigen Zustände vorhanden sind, wird die entsprechende Wirkung notwendig hervorgebracht: fehlt einer der erforderlichen Zustände im Agens oder im Patiens, so kann die betreffende Wirkung unmöglich erfolgen (De corp. IX, 3).

Die zur Hervorbringung einer erfolgten Wirkung nötigen Zustände des Agens werden in ihrer Gesamtheit causa efficiens genannt, die des Patiens causa materialis; [1]) sie sind beide Teilursachen der sie umfassenden Gesammtursache, die Hobbes causa integra nennt (De corp. IX, 4).

Demnach genügt die causa integra stets zur Hervorbringung einer Wirkung; diese Wirkung erfolgt notwendig in dem Augenblick, in welchem die causa efficiens und die causa materialis zur causa integra werden. Alles, was geschieht, erfolgt demnach mit Notwendigkeit; die Notwendigkeit des Geschehens ist in den vorhergehenden Geschehnissen begründet (De corp. IX, 5).

Ursache und Wirkung bilden eine ununterbrochene Kette, daher ist jedes Geschehen zugleich Ursache und Wirkung, je nachdem man es in Beziehung setzt zu dem Folgenden oder dem Vorangegangenen.

Das erste Glied dieser Kette müfste nur Ursache sein (De corp. IX, 6).

c. Die Bewegung ist die Ursache alles Geschehens.

Die unseren Wahrnehmungen zu Grunde liegenden Körper sind sich als Körper vollkommen gleich, nur durch ihren Bewegungszustand unterscheiden sie sich. Erscheint uns also ein Gegenstand anders, als er vorher erschien, so ist diese Veränderung nur

---

[1]) Die Bezeichnungen causa efficiens und causa materialis entstammen bekanntlich der aristotelischen Philosophie, welche vier Gründe oder Ursachen unterschied: begriffliche, stoffliche, bewegende und Endursache, causa formalis, materialis, efficiens und finalis. Zwei dieser Bezeichnungen gebraucht Hobbes, wenn auch in anderem Sinne.

aus einer veränderten Bewegung entweder des ganzen Körpers oder seiner inneren kleinsten Teile zu erklären (De corp. XXI, 6).

Jede Veränderung, die wir in den von uns wahrgenommenen Erscheinungen bemerken, wird also durch einen veränderten Bewegungszustand des wahrgenommenen Gegenstandes einerseits und eine dadurch veränderte Wirkung auf unsere Empfindung andererseits hervorgebracht.[1] Alle Veränderung ist also Bewegung (De corp. IX, 9). Bewegung ist die universale Ursache alles Geschehens. Das ist der Satz, welcher Hobbes metaphysischen und psychologischen Anschauungen zur Grundlage dient; immer wieder weist er auf ihn hin (De corp. VI, 5. IX, 9. X, 6. XXI, 5. XXV, 2. XXIX, 13. Problem. phys. ad regem Bd. IV, 300. Tractat. opt. 1. Dial. phys. de nat. aeris. Bd. IV, 236 und 238). Bewegung ist die natürliche und unmittelbare Ursache aller Dinge (Principia et probl. cap. XII. Bd. V, 206. Examin. et emend. math. hod. Dial. VI. Bd. IV, 228).

Die Wahrheit dieses Satzes ist an sich feststehend, oder, wie man sagt: „der Natur bekannt." De corp. VI, 5.[2]

d. Die wichtigsten Bewegungsgesetze.

Ich führe in Folgendem einige der wichtigsten Bewegungsgesetze auf:

Bewegung kann nicht in einem Körper entstehen, ihren Anfang in seinen inneren Teilen nehmen, sondern muſs stets von auſsen gegeben werden (De corp. XXII, 14 und 17. XXX, 2. Dial. phys. de natura aeris Bd. IV, 246 und 255. Problem. Phys. I. Bd. IV, 305, 309, 335.[3]

Ein ruhender Körper wird daher so lange in diesem Zustande beharren, bis ihm von auſsen Bewegung mitgeteilt wird; ein bewegter Körper wird sich immer bewegen, so lange er nicht daran gehindert wird (De corp. VIII, 19. XV, 1 und 3. XXX, 4.

---

[1] Examin. et emend. math. hod. Dial. 6. Bd. IV, 226.

[2] Hier beruft sich Hobbes auf Aristoteles, quem sequitur schola, um seinem Satze gröſseres Gewicht zu geben. Ebenso De nat. aeris Bd. IV, 273.

[3] Exam.' et emend. Bd. IV, 226 beruft sich Hobbes darauf, daſs Aristoteles gleichfalls lehre: nihil posse movere se ipsum.

Leviath. II). Aber eine Bewegung wird nicht durch Anprall an ein Ruhendes aufgehoben [1]) (diesem würde der bewegte Körper seine Bewegung mitteilen, ohne sie selbst zu verlieren), sondern durch einen entgegengesetzt bewegten Körper. Man darf sich nicht durch das Verhältnis der Worte Ruhe und Bewegung, die einander contradictorisch entgegengesetzt sind, täuschen lassen. Gegen Bewegung kämpft nicht Ruhe, sondern entgegengesetzte Bewegung (De corp. IX, 7).

Ein in seiner Bewegung ungehinderter Körper bewegt sich immer in gleicher Schnelligkeit und in gleicher Richtung (De corp. IX, 7. XV, 1. XXII, 14).

Bewegung kann nur von einem gleichfalls bewegten und berührenden Gegenstand, d. h. durch Stofs, hervorgebracht oder gehindert werden (De corp. IX, 7. XV, 1. 4. XXII, 3 und 14. XXV, 2. XXIX, 13. XXX, 2. Rosetta geom. trop. XIV. Bd. V, 75). Die Berührung des bewegenden und bewegten Körpers braucht keine directe, sondern kann eine durch zwischenliegende Gegenstände fortgepflanzte sein (Tract. opt. Bd. V, 217).

Nur scheinbar kann Bewegung auch durch Ziehen, d. h. durch einen vor dem bewegten sich bewegenden Körper erfolgen, bei genauer Betrachtung stellt sich das Ziehen als ein Stofs dar, der so fortgepflanzt ist, dafs er den bewegten Gegenstand von hinten trifft (De corp. XXII, 12).

Bewegung kann nur die Wirkung einer Bewegung sein (De corp. XXVIII, 12) und kann nur Bewegung wieder erzeugen (Lev. I. Bd. III, 6); keine Bewegung aber bleibt ohne Wirkung (De corp. XV, 3 und XXVIII, 8). [2])

So pflanzt sich Bewegung ins Unendliche fort [3]) (De corp. XV, 7. XXIX. 10); so entsteht die ununterbrochene Reihe von Ursache und Wirkung, deren erstes Glied, die causa prima, der primus omnium motor (De cive XIII, 1. Bd. XI, 298), Gott genannt wird (Object. ad Cart. med. object. V. Bd. V, 200. Lev. XI. Bd. III, 83).

---

[1]) D. h. für unsere Sinne nicht mehr wahrnehmbar gemacht, und zwar geschieht das in tempore et gradatim, nicht in instante. (Lev. II. Bd. III, 8).
[2]) Probl. Phys. Bd. IV, 315.
[3]) Arist. Metaphys. XII, 6. 1071, b, 6. Vergl. ferner phys. VIII, 1. mit den oben angeführten Sätzen über Bewegung.

e. Die wichtigsten Bewegungsformen.

Hobbes macht Unterscheidungen der Bewegung, sowohl thatsächliche (d. h. in Bezug auf Richtung, Schnelligkeit und Energie der Bewegung), als solche, die aus verschiedener Betrachtungsweise der Bewegung hervorgehen. Ich beschränke mich auf eine kurze Erwähnung dessen, was für das Verständnis des Folgenden notwendig erscheint.

Bewegung, nicht betrachtet als räumlich und zeitlich ausgedehnt, sondern nur per punctum, ohne Rücksicht auf Richtung und Dauer, nennt Hobbes conatus. Wie er unter Punkt nichts Unteilbares, nichts Unkörperliches, sondern als unkörperlich d. h. ohne Rücksicht auf seine Ausgedehntheit Betrachtetes versteht, so unter conatus nicht etwas von der Bewegung Verschiedenes, sondern die ohne Rücksicht auf zeitliche Aufeinanderfolge der Bewegungsmomente betrachtete Bewegung, d. h. das Bewegungsmoment an sich, den Trieb. Die Definition von conatus lautet: conatum esse motum per spatium et tempus minus, quam quod datur, id est determinatur, sive expositione vel numero assignatur, id est, per punctum.[1])

In ähnlichem Verhältnis wie conatus zu motus, steht impetus zu velocitas. Wie Geschwindigkeit die Bewegung, vermöge derer ein Bewegliches, in bestimmter Zeit eine bestimmte Strecke zurücklegt (De corp. VIII, 15), so ist impetus die Quantität der Geschwindigkeit betrachtet im Moment des Uebergangs der Bewegung von einem Ort zum nächsten. Impetum esse ipsam velocitatem, sed consideratam in puncto quolibet temporis, in quo fit transitus. — adeo, ut impetus nihil aliud sit quam quantitas sive velocitas ipsius (De corp. XV, 2 und XVI, 1).

Vis definiert Hobbes: esse impetum multiplicatum sive in se, sive in magnitudinem moventis, qua movens plus vel minus agit in corpus quod resistit (De corp. XV, 2).

Unter resistentia versteht Hobbes nicht den passiven Widerstand, sondern active Reaction gegen eine Bewegung: resistentiam esse, in contactu duorum mobilium, conatum conatui, vel omnino vel ex aliqua parte, contrarium (De corp. XV, 2).

---

[1]) De corp. XV, 2. ferner De corp. XXII, 1. De nat. aeris Bd. V, 250 wird die Schwere conatus ad centrum terrae genannt.

Vom Druck spricht man, wenn von zwei beweglichen Körpern der eine den anderen durch seine Bewegung zwingt, ganz oder zum Teil von seinem Ort zu weichen (De corp. XV, 2).

Bei vielen Körpern ist beobachtet, dafs ihre Teile zwar der Bewegung des drückenden Körpers weichen, nachher aber, wenn der drückende Körper zurückbewegt ist, durch eine innere Kraft sich wieder herstellen und dem ganzen Körper seine frühere Gestalt wiedergeben. Restituere se corpus pressum nec dimotum dicimus, quando sublato premente, partes ejus motae propter ipsam corporis constitutionem in suum quaeque locum redeunt. [1])

Die in der Natur verbreiteteste Bewegungsform [2]) ist die einfache Kreisbewegung. [3]) Hobbes beschreibt sie so: Motum circularem simplicem cum esse definivimus, in quo singula puncta, singulis temporibus aequalibus singulos arcus describunt aequales (De corp. XXI, 1).

Die wichtigste Eigenschaft dieser Kreisbewegung ist, dafs sie das Gleichgeartete verbindet, das Verschiedengeartete dagegen trennt (De corp XXI, 5. Exam. et em. Dial. VI. Bd. IV, 228. De nat. aeris Bd. IV, 251, 262).

Die Anziehungskraft der Himmelskörper wird aus der eben erwähnten Eigenschaft erklärt (De nat. aeris. Bd. IV, 262. Probl. phys. cap. I. Bd. IV).

Hobbes rühmt sich, aus dieser einen Bewegungsform die meisten Naturerscheinungen abgeleitet zu haben. Während Kopernikus den motus circularis simplex nur der Erde zuschreibt, erteilt Hobbes ihn auch der Sonne und sämtlichen Weltkörpern und den einzelnen kleinsten Teilen derselben (Exam. et em. Dial. VI. Bd. IV, 227, siehe ferner Problem. phys. Bd. IV, 305, 310, 314 und 350). Aus der Kreisbewegung wird die Bewegung unseres Blutes abgeleitet, — ich werde das noch einmal an späterer Stelle zu erwähnen haben — und so das Leben erklärt. Die Quelle dieser Bewegung ist die Sonne (De nat. aeris IV, 262. Problem. Phys. Bd. IV, 314).

---

[1]) De nat. aeris Bd. IV, 249 — nam motus hic restitutionis Hobbii est, et ab illo primo et solo explicatus in libro De corpore, cap. XXI. (soll heissen XXII.) Art. 1.

[2]) Auch hier zeigt sich Nachwirkung aristotelischer Philosophie, siehe z. B. Arist. phys. VIII, 8.

[3]) Exam. et emen. Dial. IV. Bd. IV, 226.

II. Das Empfinden und Vorstellen.

A. Das Empfinden.

Ich gehe jetzt von der Darstellung des Seins und Geschehens zur Darstellung der Anschauungen Hobbes' vom Empfinden und Vorstellen über.

a. Das seelische Geschehen ist Bewegung.

Wie Hobbes alles Geschehen für Bewegung erklärt, so glaubt er auch das seelische Geschehen, Empfinden und Vorstellen mit den aus ihnen hervorgehenden komplizierteren geistigen Vorgängen einerseits, Gefühl, Lust und Unlust mit dem unmittelbar daraus erwachsenden Wollen, dem Begehren und Verabscheuen andererseits genügend aus Bewegung allein demonstrieren zu können.

In dem Physica sive de naturae phaenomenis überschriebenen vierten Theil seines Buches De corpore führt er cap. 25 aus:

b. Empfindungen sind Veränderungen des empfindenden Körpers.

Empfindungsvorstellungen [1]) sind für Veränderungen des empfindenden Körpers zu halten, da sie entstehen und vergehen, je nachdem die Empfindungsorgane von diesem oder jenem Gegenstand affiziert werden. Alle Veränderung aber ist (wie De corp. IX, 9 gezeigt wurde) Bewegung in den inneren Teilen des Veränderten. Empfindung ist daher nichts anderes als Bewegung (De corp. XXV, 2. De hom. II, 14. Lev. I, 6. VI, 40). Die im Innern des Empfindenden bewegten Teile sind Teile der Organe, durch welche empfunden wird.

c. Die Empfindungsvorgänge.

Weiter schildert Hobbes diese Bewegungsvorgänge: Die Bewegung eines Körpers wird entweder unmittelbar (bei der Empfindung des Tast- und Geschmackssinnes), oder durch Vermittlung anderer Körper (beim Gesichts-, Gehör- und Geruchs-

---

[1]) Ich wähle die weitläufige Bezeichnung „Empfindungsvorstellungen", um die in Betracht kommenden phantasmata von den später zu besprechenden, von Hobbes häufig ebenfalls nur phantasmata benannten Einbildungsvorstellungen zu unterscheiden.

sinn) auf den äufsersten Teil eines Organes übertragen (Lev. I, 4) und wirkt dort als Druck, dem der getroffene Teil des Organs weicht, und so den Druck zu dem ihm nach innen nächsten Teil vermittelt, der seinerseits wieder den nächsten Teil drückt. Auf diese Weise pflanzt sich der Druck bis zum innersten Teile fort, wo er Widerstand findet. Jeder Widerstand ist ein durch Druck hervorgerufener Gegendruck, eine Reaktion (De corp. XV, 2. XXV, 2). So entsteht auch gegen die vom Object ausgehende, bis zum innersten Teil des Organes fortgepflanzte Bewegung eine Reaktion; es wird gegen die Bewegung vom Object aus eine Gegenbewegung vom Organ aus verursacht. Aus dieser eine zeitlang dauernden Reaktion entsteht die Empfindungsvorstellung selbst, die wegen der nach aufsen gehenden Richtung des Gegendruckes stets als etwas aufser dem Organ Liegendes erscheint (De corp. XXV, 2. Lev. I).

d. Definition von Empfindung.

Hobbes definiert demgemäfs: sentio est ab organi sensorii conatu ad extra, qui generatur a conatu ab objecto versus interna, eoque aliquandiu manente per reactionem factum phantasma (De corp. XXV, 2).

e. Um empfinden zu können, bedarf es des unterscheidenden Urteils und der Erinnerung.

Empfindung ist also Reaktion vom Organ aus. Aber nicht alles, was gegen Bewegung reagiert, empfindet. Wenn auch anderen nicht mit Sinnesorganen versehenen Körpern aus der Reaktion gewisse Vorstellungen erwüchsen, würden sie doch bei Entfernung des Objectes sofort verschwinden. Haben nämlich Körper nicht die zur Aufbewahrung einer mitgeteilten Bewegung passenden Organe, wie sie die Tiere besitzen, so können sie zwar empfinden, sich jedoch nicht erinnern, empfunden zu haben; das genügt aber nicht zur Empfindungsvorstellung. Zu dem, was man gemeiniglich Empfindung nennt, gehört ein gewisses Urteilen über die Empfindungsobjecte auf Grund von Vergleichen und Unterscheiden der Vorstellungen, die wir von ihnen haben. Das ist nur möglich, wenn die Bewegung, aus welcher die Vorstellung entstand, eine zeitlang erhalten bleibt und so die Vorstellung selber andauert. Dem gewöhnlich als Empfindung Bezeichneten hängt also stets eine gewisse Erinnerungsfähigkeit an,[1]) vermöge derer das Frühere mit dem Späteren verglichen und das Eine von dem Anderen unterschieden werden kann. (De corp. XXV, 5).

f. **Zur Empfindung ist ferner ein beständiger Wechsel der Eindrücke nötig.**

Um aber eine Unterscheidung der Vorstellungen möglich zu machen, ist natürlich in erster Linie nötig, dafs die Vorstellungen beständig verschieden seien, dafs sie beständig wechseln. Immer das Gleiche empfinden und nichts empfinden, meint Hobbes, komme auf dasselbe heraus (De corp. XXV, 5).

g. **Zu einer Zeit kann nur eine Empfindung bestehen.**

Die Verschiedenheit der Empfindungsvorstellungen besteht jedoch nicht in einem Nebeneinander, sondern in einem Nacheinander derselben. Zu Einer Zeit kann nur Eine Vorstellung sein. Die Natur des Empfindens erlaubt nicht, dafs wir von mehreren Gegenständen zugleich getrennte Empfindungsvorstellungen hätten. Denn die von mehreren Gegenständen ausgehenden Bewegungen würden in unseren Organen nicht getrennt neben einander bestehen können, sie würden sich zu Einer Bewegung vereinigen, und demgemäfs müfste die Vorstellung von den betreffenden Gegenständen zu Einer Vorstellung zusammenfliefsen[2].) (De corp. XXV, 6).

Aufserdem glaubt Hobbes, aus seiner Definition der Zeit als phantasma motus (De corp. VII, 3) ergebe sich die Notwendigkeit der Annahme, dafs zu Einer Zeit nur Eine Vorstellung existieren könne. Wie durch einen Act mit dem Körper zugleich der Raum, den er ausfüllt, geteilt wird, so mit der Bewegung zugleich die Zeit, in der die Bewegung geschieht.

Man zählt also so viel Zeitmomente, als man Bewegungsmomente unterscheidet, und den Bewegungsmomenten beim Empfindungsvorgange entsprechen wiederum die Empfindungsvorstellungen, als welche uns die Bewegungen im Organ erscheinen, so dafs auf je einen Zeitmoment eine Empfindungsvorstellung von entsprechender Dauer fällt. Nehmen wir nun ein sich verändern-

---

[1]) Siehe Leibniz, Bergmann, Geschichte der Philosophie. Bd. I, 415.

[2]) Unbewufste Einzelempfindungen, die sich zu einer bewufsten Gesammtempfindung vereinigen. Leibniz führt als Beispiel dafür das Brausen der Brandung an, in welchem wir das Rauschen der einzelnen Wellen nicht mehr unterscheiden. Bergmann. Gesch. der Phil. Bd. I, 416.

des Object wahr, so nehmen wir damit nicht ein Object gleichzeitig in verschiedenen Zuständen, oder verschiedene Objecte wahr, sondern nur ein und dasselbe Object, eben in seiner Veränderung. (De corp. XXV, 6).

Es tritt hinzu, dafs die allen Organen gemeinsamen Teile,[1]) wenn sie lebhaft durch die Empfindung eines Gegenstandes bewegt werden, wegen des Widerstandes bewegter Dinge gegen die Aufnahme neuer Bewegung wenig brauchbar sind zur Aufnahme der Aktion anderer Gegenstände, die sich den Sinnen darbieten. Daher kommt es auch, dafs die intensive Wirkung eines Objectes das gleichzeitige Empfinden anderer Objecte nicht duldet. Die vollkommene Besitznahme durch Eine Bewegung macht die Empfindungsorgane für die Dauer derselben gegen andere Bewegung gefühllos. Es ist demnach ein einziges Object, was zu einer Zeit durch die Empfindung erfafst wird. So sehen wir beim Lesen die Buchstaben nach und nach, nicht alle auf einmal, und doch wird uns der Inhalt des ganzen Blattes bekannt; andererseits würden wir nichts sehen, wollten wir mit Einem Hinblicken das ganze Blatt überschauen, wenn auch die einzelnen Buchstaben noch so deutlich wären. (De corp. XXV, 6).

h. Die auf unsere Organe wirkenden Eindrücke bedürfen einer gewissen Stärke, um empfunden zu werden.

Aus dem Vorausgehenden ergiebt sich, dafs die in uns erzeugte Reaktion einer gewissen Stärke bedarf, um uns als Empfindungsvorstellung bewufst zu werden. Nicht jeder Trieb des Organes nach aufsen ist Empfindung, sondern nur derjenige, welcher die anderen an Energie übertrifft. Die Vorstellungen der übrigen Dinge hebt er auf, wie das Sonnenlicht das Licht der Sterne aufhebt, nicht dadurch, dafs er andere Dinge überhaupt zu wirken hindert, sondern dadurch, dafs er ihre Wirkungen durch die überlegene Stärke der seinigen verdunkelt und verbirgt. (De corp. XXV, 6).

B. Das Vorstellen.
a. Die Einbildungsvorstellungen.

Bisher ist von Bewegung in den Sinnesorganen gehandelt worden, die durch unmittelbare Wirkung gegenwärtiger Objecte erzeugt wurde, von Empfindung und Empfindungsvorstellung.

---
[1]) Die Nerven vom Gehirn bis zum Herzen. Darüber siehe weiter unten bei der Darstellung der Organe.

Mit dem Verschwinden des sie erzeugenden Objectes erlischt aber nicht zugleich die innere Bewegung.

Nach dem Gesetze, dafs ein bewegter Körper sich so lange fortbewegt, als er nicht daran durch einen entgegengesetzt bewegten gehindert wird, dauert auch die in den Organen hervorgerufene Bewegung fort (De hom. II, 4).

Wie beim Sturm auf dem Meere die Bewegung der Fluten nicht gleich aufhört, wenn der Wind nachläfst, so verhält es sich auch mit der Bewegung, die in den inneren Teilen des Menschen stattfindet, wenn er sieht, träumt u. s. w.

Nachdem das Object entfernt, oder das Auge geschlossen ist, behalten wir dennoch ein Bild des gesehenen Gegenstandes zurück, wenngleich ein weniger deutliches; das ist die Einbildungsvorstellung (imago), nach welcher wir die entsprechende Fähigkeit Einbildungskraft [1]) (imaginatio) nennen.

b. Definition von Vorstellung.

Hobbes definiert daher: imaginatio ergo nihil aliud est quam sensio deficiens sive phantasma dilutum et evanidum (Lev. II, 8).

c. Die Schwächung der Einbildungsvorstellung wird durch Einwirkungen gegenwärtiger Empfindungsobjecte bedingt.

Die Schwächung der Vorstellung nach Entfernung des Objectes ist nicht etwa einer zu geringen Stärke der Bewegung beim Empfindungsakt zuzuschreiben, sondern dem Umstande, dafs die Organe durch gegenwärtig wirkende Dinge afficiert werden. Wenn daher auch die durch ein entferntes Object erzeugte Bewegung andauert, so wird die ihr entsprechende Einbildungsvorstellung doch durch die nachfolgenden Wirkungen gegenwärtiger Objecte in ihrer Deutlichkeit beeinträchtigt, wie die Stimme des Menschen vom lauten Geräusch des Tages übertönt wird.

d. Die Träume.

Die Einbildungsvorstellungen der Schlafenden, die Träume, sind, weil ein Einwirken äufserer gegenwärtiger Dinge in höherem Mafse ausgeschlossen ist, häufig ebenso klar, wie die Empfindungsvorstellungen der Wachenden (De corp. XXV, 7).

---

[1]) Hobbes hält diese Unterscheidung nicht fest, sondern gebraucht imaginatio auch für imago.

e. Einbildung und Erinnerung.

Je längere Zeit seit der Entstehung einer Vorstellung vergangen ist, und je mehr andere Eindrücke wir inzwischen empfangen haben, um so weniger klar wird die Vorstellung in unserer Einbildung erhalten sein. So hat räumliche und zeitliche Entfernung denselben Einfluſs auf unsere Wahrnehmungen. Wollen wir die schwächer gewordene Vorstellung selbst bezeichnen, so sprechen wir von Einbildung, wollen wir das Schwächerwerden der Vorstellung hervorheben, von Erinnerung. Einbildung und Erinnerung ist also dasselbe, nur nach verschiedener Weise der Betrachtung mit verschiedenen Namen belegt. (Lev. II. De corp. XXV, 7).

Ein weiterer Unterschied lässt sich vielleicht darin finden, daſs Erinnern die Beziehung auf eine vergangene Zeit voraussetzt, während das beim Einbilden weniger der Fall ist (De corp. XXV, 8).

f. Erfahrung.

Nichts anderes als Erinnerung ist Erfahrung (De corp. I, 2); sie ist die Menge der Eindrücke, die uns aus Empfindung entstand (De corp. XXV, 8); die Erinnerung vieler Dinge oder Vorgänge (Lev. II, 9).

g. Die Reihenfolge und Verbindung der Vorstellungen.

Die Reihenfolge und Verbindung unserer Vorstellungen unter einander kann natürlich (auch dann, wenn sie nicht unmittelbar durch den Wechsel der Wirkung äuſserer Objecte bestimmt wird, d. h. wenn die Vorstellungen keine Empfindungsvorstellungen sind,) nicht eine zufällige sein, obwohl es oft den Anschein hat.

Alle Einbildungsvorstellungen sind, wie schon erwähnt, einmal entweder ganz oder in ihren einzelnen Teilen als Empfindungsvorstellung durch Einwirkung äuſserer Objecte in unseren Sinnen entstanden, und ebenso fand jeder Uebergang von einer Vorstellung zu einer anderen vorher in unserer Empfindung durch unmittelbare Wirkung der Aufsenwelt statt. Wird nun eine der entstandenen Vorstellungen wieder wach gerufen, so folgt ihr, wegen der Cohäsion der bewegten Materie, in der Einbildung dieselbe Vorstellung in demselben Uebergang wie einst in der Empfindung. (Lev. III, 15).

Je mehr Dinge nun im Laufe unseres Lebens auf uns wirken, um so gröſser wird die Mannigfaltigkeit der Combinationen unserer Vorstellungen, so daſs schlieſslich fast jede beliebige Vorstellung in Verbindung jeder beliebigen anderen bei uns scheint auftauchen zu können. Was es ist, das bestimmt, ob der Erinnerung einer Wahrnehmung die eine oder die andere derjenigen Vorstellungen folgen werde, welche mit ihr in Verbindung einst in unserer Empfindung entstand, sagt Hobbes nicht. Nur so viel, meint er, stehe fest, dafs in der Erinnerung eine Vorstellung folgen werde, welche einst in der Empfindung gefolgt sei.

h. Irreguläre und regulierte Vorstellungsreihen.

Die Reihen der Vorstellungen teilt Hobbes in irreguläre und regulierte. Die ersten sind unbeständig, bald von einem Gegenstand zu einem andern abschweifend und oft scheinbar ohne jeden Zusammenhang, obwohl man bei genauer Beobachtung eine gewifse Regel dennoch würde entdecken können; aber die Vorstellungen werden nicht durch eine Absicht geordnet und zu einem feststehenden Ziel geleitet, wie es bei den durch einen Zweck oder einen Wunsch bestimmten, den regulierten Gedankenverbindungen der Fall ist, da die Vorstellung eines erwünschten Zieles die Vorstellungen der zu seiner Erreichung nötigen Mittel nach sich zieht. Dabei wird ein Begehren und ein Beurteilen der Mittel vorausgesetzt, welches durch Erfahrung erworben wird. (De corp. XXV, 8).

i. Die regulierten Vorstellungsreihen können in der Auffindung von Ursachen und Mitteln oder von Wirkungen und Nutzen der Dinge enden.

Die regulierten Vorstellungsreihen werden wiederum in zwei Gruppen zerlegt, von denen die eine zu einer wahrgenommenen Erscheinung die Ursachen oder Mittel zur Hervorbringung sucht, die andere alle möglichen Wirkungen, die ein vorgestelltes Ding zu erzeugen im Stande ist, d. h. den Nutzen des Dinges. — Die von der Wirkung zu den Ursachen oder Mitteln hingehende Vorstellungsreihe ist den Menschen mit allen anderen Geschöpfen gemeinsam, dagegen sagt Hobbes, habe er Gedankenverbindungen, die auf den Nutzen eines wahrgenommenen Dinges zielen, nur beim Menschen gefunden, und er glaube, dafs man solche Wifsbegierde kaum der tierischen Natur zuschreiben dürfe, da diese nichts als sinnliches Begehren, wie Hunger, Durst und dergl. enthalte (Lev. III).[1])

k. Einfache und zusammengesetzte Einbildungsvorstellungen.

Die Einbildungsvorstellungen selbst teilt Hobbes in einfache, solche, die als Ganzes aus der sinnlichen Wahrnehmung stammen, wie z. B. die Vorstellung eines Mannes oder eines Pferdes, das wir einmal gesehen haben, und in zusammengesetzte Einbildungsvorstellungen, solche, deren einzelne Bestandteile in uns als Empfindungsvorstellungen entstanden und sich zu einer Einbildungsvorstellung verbanden, z. B. die eben genannten Wahrnehmungen von Mann und Pferd zu der Vorstellung eines Centauren; ebenso liegt eine imaginatio compositiva vor, wenn jemand mit der Vorstellung seiner eigenen Person die der Handlung eines anderen Menschen verknüpft und sich z. B. einbildet, Herkules oder Alexander zu sein. (Lev. II, 9).

Ueber die Weise, wie solche nur als Teile der Empfindung entstammenden Vorstellungen sich zu einem Phantasiegebilde, einem figmentum animi verschmelzen, giebt Hobbes keine Erläuterung.

C. Körperliche Vorgänge.

a. Beim Empfindungsakt.

Es bedarf noch einer kurzen Schilderung der körperlichen Vorgänge, welche das seelische Geschehen bedingen.

Die Empfindung wird in den Empfindungsorganen erzeugt; es sind das diejenigen Teile des Empfindenden, nach deren Zerstörung die betreffende Empfindungsvorstellung unmöglich würde, auch wenn kein anderer Teil verletzt wäre. Von den fünf Arten der Empfindungsvorstellungen, nämlich Gesicht, Gehör, Geruch, Geschmack und Gefühl, bestehen für die ersten vier besondere, localisierte Organe, während das Organ des letzteren die über den ganzen Körper verbreiteten Nerven sind. (De corp. XXV, 4 u. 10).

Hobbes Beschreibungen der einzelnen Sinnesorgane und ihrer Empfindungsgebiete wieder zu geben, würde zu weit führen;[2]) ich

---

[1]) Auf diese Vorstellungsreihen und die durch sie erreichbare Erkenntnis werde ich im Hauptteil der Arbeit zurückkommen müssen.

[2]) Namentlich eingehend behandelt er alles, was in das Gebiet des Gesichtssinnes fällt, Licht- und Farbenerscheinung, Gesetze der Optik, so De corp. XXV, 10. XXVII. De hom. II—IX. Problem. phys. IV. Tractat. opticus.

beschränke mich auf die beim Zustandekommen aller Empfindungsvorstellungen gemeinsamen Vorgänge.

Es ist schon geschildert worden, wie die vom Object ausgehende Bewegung sich vom äufsersten Teil des Organes nach innen fortpflanzt; diese Bewegung nach innen wird durch Nerven vermittelt, die das spezielle Sinnesorgan, z. B. das Auge mit dem Gehirn verbinden. Die Nerven bestehen aus Geist[1]) und einer umhüllenden Membrane, welche aus der zarten Hirnhaut entstanden, Nerven, Gehirn, Gefäfse und Herz bekleidet. Die Wurzeln aller Nerven sind innerhalb des Schädels im Gehirn.[2]) Dort tritt der Geist in die Nerven ein. Die spiritus animales oder vitales sind feinste luftförmige, unsichtbare Materie. (Lev. XII, 87. app. ad Lev. I, 537. De corp. V, 4).[3])

Durch Gefäfse (arteriae) wird sie vom Herzen zum Gehirn, zu den Wurzeln der Nerven geleitet. Dieser letzte Teil, die Hirn und Herz verbindenden Gefäfse und das Herz selbst, ist das allen Sinnen gemeinsame Organ. Wie eine Empfindungsvorstellung gehindert wird, durch Verletzung ihres besonderen Organes oder der Nervenverbindung mit dem Gehirn, so würde überhaupt jede

---

[1]) Spiritus ist ein feinster unwahrnehmbarer Stoff, Seelenstoff. De nat. aeris Bd. IV. 285. Materia autem, quae in nervis continetur, tenuissimus spiritus est, qui cum in musculis fit caro, constat ex innummeris philiculis adeo minutis et fissilibus, ut visum tandem fugiunt.

[2]) Aristoteles nannte die Nerven πόροι τοῦ ἐγκεφάλου.

[3]) Die Lehre von den tierischen Geistern stammt gleichfalls von Aristoteles. Durch Galen fand sie Verbreitung und Geltung bis ins Siebzehnte Jahrhundert hinein. — Galen lehrt, dafs ein Teil des Blutes durch die Lungenarterie zur Lunge gehe, um diese zu ernähren, der andere Teil in die linke Kammer des Herzens. Hier verbinde er sich mit dem durch die Lungenvene einfliefsenden Athem unter Mitwirkung der eingepflanzten Wärme zum Lebensgeist, um als solcher in das Arteriensystem sich zu ergiefsen. Galen unterschied, wie die Alten, drei Arten von tierischen Geistern: natürlichen Geist, πνεῦμα φυσικόν, spiritus naturalis, hat seinen Sitz in Leber und Venen; Lebensgeist (dessen Entstehung eben geschildert wurde), πνεῦμα ζωτικόν, spiritus vitalis, und dem Seelengeist πνεῦμα ψυχικόν, spiritus animalis, der aus Verbindung des Lebensgeistes mit der durch die Nase eingeatmeten Luft in der Hirnhöhle entsteht. — M. Kirchner: William Harvey's Verdienst um die Entdeckung des Blutkreislaufes. Berlin 1878. —

Hobbes erkennt das Verdienst Harvey's wie das aller grofsen Männer offen und ohne Rückhalt an. Er rühmt ihn als den, der das wichtigste Gebiet der Physik, die Kenntnis vom Menschenleben, eröffnet habe (Epist. dedic. zu De corp.) und Harvey's grofse Entdeckung, die des beständigen Blutumlaufs, nimmt er auf (De corp. XXV, 12), ohne jedoch auf die von Harvey auf das Entschiedenste verworfenen traditionellen spiritus animales zu verzichten.

Empfindung unmöglich, wenn die Bewegung zwischen Gehirn und Herz durch einen Schaden des verbindenden Organes unterbrochen wäre. Der letzte Ursprung aller Empfindung ist das Herz selbst, von ihm geht die Reaktion beim Empfindungsact aus, die als Empfindungsvorstellung wahrgenommen wird. (De corp. XXV, 4 und 10. Lev. I).

b. Die motus vitales.

Während Hobbes die Bewegungen beim Empfindungsvorgang als durch äufsere Gegenstände im Empfindenden hervorgebracht schildert, unterscheidet er zwei Arten von Bewegungen, die den lebenden Geschöpfen selbst eigen sind. Die erste ist der motus vitalis, die Bewegung des Blutes, der Atmung, der Verdauung und der Ausscheidung.

Zu ihrer Hervorbringung bedarf es nicht der Hülfe der Vorstellung, sie ist dem animalischen Körper notwendig verbunden und findet während der Dauer des ganzen Lebens statt. Die wichtigste der motus vitales ist der Kreislauf des Blutes (De corp. XXV, 12; s. Anmerkung auf der vorigen Seite). So lange der Blutumlauf stattfindet, lebt der Mensch, und so lange das Herz die Bewegung der Zusammenziehung und Erschlaffung (Systole und Diastole) bewahrt, findet der Blutumlauf statt. —

Doch meint Hobbes nicht, dafs das Blut ursprünglich seine Bewegung vom Herzen habe, sondern, dafs vielmehr umgekehrt das Herz durch das Blut in Bewegung gesetzt worden sei. Denn im Mutterleibe werde das Herz des Kindes durch das mütterliche Blut bewegt und so bald das Kind einmal Luft geschöpft habe, könne es fürderhin nicht mehr ohne Luft leben. Daraus folgert er, dafs etwas in der Luft enthalten sei, das durch die Atmung ins Blut aufgenommen, dieses bewege und durch die Bewegung des Blutes die Bewegung des Herzens veranlasse;[1] es seien das wegen ihrer Kleinheit unsichtbare Körperchen, welche dem Blute den ihnen selber eigenen motus simplex (De corp. XXI) mitteilen. (De hom. I, 3. De corp. XXV. Lev. VI).

D. Das Gefühl und die daraus entspringenden seelischen Thätigkeiten.
a. Lust und Unlust.

Da die durch Empfindung verursachte Bewegung bis zum Herzen, dem Sitz des Lebens, fortgepflanzt wird, so mufs durch

---

[1] Die Anschauung, dafs die Bewegung des Herzens durch die eingeatmete Luft angeregt und unterhalten werde, ist gleichfalls aristotelischen Ursprungs. Hist. animal. I, 13. Harbeck: Lehre von der Blutbewegung vor Harvey. München 1882.

sie notwendig die Lebensbewegung in mannigfaltiger Weise beeinflufst werden. Je nachdem nun der motus vitalis unterstützt oder gehindert wird, erzeugt er uns das Gefühl der Lust oder Unlust. Wird die Lebensbewegung gehindert, so sucht der Körper die hindernde Bewegung durch Biegen oder Geradrichten seiner Teile nach Möglichkeit zu heben und so das Gefühl der Unlust zu beseitigen, umgekehrt jedoch bleibt das Gefühl der Lust, solange es geht, erhalten, indem die es erzeugende Bewegung wiederum durch die Lebensbewegung unterstützt wird. (De corp. XXV, 12).

b. Die motus animales et volumtarii.

In dem Gefühl der Lust und des Schmerzes ist der erste Antrieb für die andere Art der den Lebewesen eigenen Bewegungen, für den motus animalis et voluntarius, zu suchen.

Zielt der Antrieb auf die Erreichung eines Lustgefühls, so nennt man ihn Begehren, treibt er ein Unlustgefühl zu fliehen, Abneigung oder Verabscheuen (Object ad Cart. med. Object. VI).

Als willkürliche Bewegungen, deren conatus primus das Begehren oder das Verabscheuen sein kann, zählt Hobbes Gehen, Reden und Bewegen der Glieder auf. (Lev. VI. De corp. XXV, 12).

E. Kritische Betrachtungen.
a. Was bedeutet bei Hobbes Empfindung und Empfindungsvorstellung metaphysisch.

Ehe ich den psychologischen Teil meiner Darstellung beende, möchte ich eine kurze Betrachtung einschalten, zunächst darüber, was nach Hobbes Empfindung und Empfindungsvorstellung metaphysisch bedeutet.

Hobbes bedient sich der Worte sensio und phantasma nicht überall in gleichem Sinne. In der Definition von sensio (De corp. XXV, 2) ist Empfindung (sensio) und Empfindungsvorstellung (phantasma) identisch: sensio est ... per reactionem factum phantasma; ebenso Lev. I, 6; nachdem dort auseinander gesetzt ist, dafs die vom Herzen ausgehende Reaction als etwas gleichsam Äufseres erscheine, lautet die Stelle: Atque haec apparitio sive phantasma est id, quod vocamus sensionem. Sensio ergo et phantasma originale omnino idem sunt, facta u. s. w.

Ein anderes Mal dagegen wird die Empfindungsvorstellung als etwas aus der Empfindung Hervorgegangenes bezeichnet, z. B. De corp. XXV, 7 heifst es: motus organi, ex quo oritur phantasma, non nisi praesente objecto, sensio (sic!) appellari. Unter sensio wird hier also der Empfindungsvorgang selbst verstanden, ebenso De corp. XXV, 2. De hom II, 14 u. s. w.

Es ist das ein Wechsel im Sprachgebrauch, den ich im Folgenden wohl aufser Acht lassen darf. Für unsere Frage wichtig ist die Beziehung beider Worte nur da, wo sensio, wie in den letztgenannten Fällen, motus organi bedeutet, wo es sich also um das Verhältnis der in unserem Bewufstsein sich findenden Vorstellung und dem thatsächlichen Bewegungsvorgang in unseren Sinnesorganen handelt.

Auch ihre Beziehungen stellt Hobbes nicht immer in gleicher Weise dar, während er im Leviathan den Bewegungsvorgang mit der Empfindungsvorstellung identificiert (z. B. Lev. I, 6; — qui motus proptera apparet tanquam aliquid externum. Atque haec apparitio sive phantasma —), erscheint in De corp. XXV die Empfindungsvorstellung als Product der inneren Bewegungsvorgänge, so an der eben citierten Stelle De corp. XXV, 7: motus organi, ex quo oritur phantasma — De corp. XXV, 2: tum demum ex ea reactione aliquandiu durante ipsum existit phantasma -- ibid. -- donec veniatur ad id, a quo phantasma ipsum, quod a sensione fit, tanquam a primo fonte derivari judicamus; ferner in der mehrfach erwähnten Definition von sensio als per reactionem factum phantasma.

Für ein Product innerer Bewegungsvorgänge in dem Sinne, wie das Bild das Product des Malers ist, kann Hobbes die Empfindungsvorstellung nicht gehalten haben; denn in diesem Verstande kann nur Bewegung das Product von Bewegung sein (Lev. I, 6). Für etwas zwar von der Bewegung der Organe Erzeugtes, aber nach seinem Entstehen selbstständig Existierendes gilt Hobbes die Empfindungsvorstellung daher nicht.

Wo er von ihr sagt, sie sei hervorgegangen aus der eine zeitlang dauernden Reaction unserer Organe, will er das so aufgefafst wissen, dafs die Empfindungsvorstellung aus der inneren Bewegung entstehe, wie der Regenbogen aus der Brechung der Sonnenstrahlen in der Feuchtigkeit der Atmosphäre, d. h. dafs es sich nicht um zwei verschiedene, an sich bestehende Vorgänge handelt, sondern um die Form, in der von uns ein einziger Vorgang wahrgenommen wird. Diese Auffassung liegt auch da zu Grunde, wo unser Autor phantasma und sensio (als motus organi verstanden) zu identificieren scheint.

Die Empfindungsvorstellungen sind nichts An-Sich-Existierendes, sie sind mera phantasmata (Lev. I, 6), imaginanti interne accidentia, (De corp. 7, 1), die Weisen, wie wir innere Bewegungen, deren Vorhandensein allein durch die Vernunft erkannt wird, auffassen. In Bezug auf diese Bewegungen selbst sind sie in gleichem Sinne phänomenal, wie sie es in Bezug auf die Gegenstände sind, denen wir sie als Eigenschaften zuschreiben, weil von ihnen die der Empfindungsvorstellung zu Grunde liegende Bewegung ihren Anfang nahm.

Die Frage, wie es möglich ist, dafs die Reaction in unseren Organen uns als etwas von Körperbewegung so wesentlich Verschiedenes, als Empfindungsvorstellung erscheint, wirft Hobbes nicht auf.

b. Das Subject der Empfindung.

Die vorstehende Erwägung führt zu der Frage nach dem Subject der Empfindung. Die sehr einfache Antwort, welche Hobbes darauf giebt, nämlich, dafs eben der Empfindende das Subject der Empfindung sei (De corp. XXV, 3), wird leicht als unzureichend erkannt werden.

Hobbes versteht unter subjectum oder suppositum die nicht sinnlich wahrnehmbare, nur durch die Vernunft erschlossene Materie, insofern sie etwas dem imaginären Raum Unterbreitetes oder Supponirtes ist (De corp. VIII, 1. Lev. XXXIV).

Wie wir gesehen haben, schreibt er der Materie als ihr real zukommende Accidentien nur Ausdehnung und Bewegung zu (Problem. phys. cap. IV. Lev. IX, 60); wenn wir uns ferner erinnern, die Wirkung von Bewegung könne nur Bewegung sein (Lev. I, 6), so bemerken wir, dafs Hobbes bei seiner Antwort an den Körper denkt, dem die Bewegung beim Empfindungsakt als Accidenz zukommt, aber auf die eigentliche Frage, nämlich, was es sei, dafs die motus organi als phantasmata wahrnimmt, so wenig eingeht, wie auf die damit zusammenhängende Frage nach der Möglichkeit des Empfindens überhaupt. — Noch klarer zeigt er das De corp. XXV, 2, wo er sagt: „Die Teile der Körper, durch welche die Empfindung geschieht, sind dieselben, die man Sinnesorgane nennt. Da haben wir also schon das Subject der Empfindung, nämlich jenes, in welchem die Empfindungsvorstellungen enthalten sind."

c. Hobbes und Cartesius über die Natur des „Ich".

Interessant ist der Streit zwischen Hobbes und Cartesius über die Natur des „Ich". Cartesius hatte in der zweiten Meditation de prima philosophia den Versuch gemacht, durch Ausschliefsen alles nicht Wesentlichen zu erkennen, was das „Ich" sei, über dessen Existenz er aus der Thatsache, dafs er zweifle, erwäge, denke u. s. w. Gewifsheit gewonnen hatte. Er kam dabei zu dem Ergebnis, dafs das cogitare (einschliefslich der modi cogitandi zu verstehen), allein sich von dem „Ich" nicht trennen lasse und daher das „Ich" als eine res cogitans zu bezeichnen sei, id est, fügt er hinzu, mens sive animus, sive intellectus, sive ratio. — Hobbes giebt in seinem Einwurf zunächst zu, dafs die Benennung des „Ich" als res cogitans eine richtige sei; denn dasselbe bedeute: „Ich denke" und „Ich bin ein Denkendes". Ein Zweifel aber entstehe, sobald man hinzusetze: Hoc est mens, animus u. s. w. Es scheine doch keine richtige Beweisführung, meint er, Cartesius misverstehend, zu sagen: Ich bin denkend, folglich bin ich das Denken.

Alle Philosophen unterschieden das Subject von seinen Fähigkeiten und Thätigkeiten. Ein anderes sei das Sciende, ein anderes das Sein. Es könne also möglicherweise die res cogitans das Subject — (man mufs immer daran denken, was Hobbes unter subjectum versteht) — des Verstandes, der Vernunft und mithin etwas Körperliches sein.[1])

Zu demselben Resultat glaubt Hobbes durch die Untersuchung des Ursprungs der Erkenntnis des ego cogito geführt zu werden. Diese Erkenntnis sei nämlich ganz gewifs von nichts anderem herzuleiten, als dafs wir uns eine Thätigkeit ohne ihr Subject nicht vorstellen könnten, wie Springen nicht ohne einen Springenden, Denken nicht ohne einen Denkenden. Daraus scheine zu folgern, dafs die res cogitans etwas Körperliches sei. Denn

---

[1]) Vergl. De corp. Bd. I, 30. Hinc. (sc. vom Missbrauch der Abstractai enim originem trahunt quorundam metaphysicorum crassi errores; nam ex eo, quod considerari potest cognitio sine consideratione corporis, inferre volunt, non esse opus corporis cogitantis.

die Subjecte aller Handlungen könnten nur sub ratione corporea oder sub ratione materiae verstanden werden. Man könne das Denken nicht von einer denkenden Materie trennen und daraus scheine sich eher zu ergeben, dafs die res cogitans etwas Materielles, als Immaterielles sei.

Cartesius erwidert darauf: Er habe unter mens, animus, ratio nicht die Fähigkeiten allein, sondern die mit den Fähigkeiten begabten Wesen verstanden. Er habe sich allerdings bemüht, sich möglichst abstracter Ausdrücke zu bedienen, um die Natur dieser res cogitans frei von allem, was ihr nicht als Wesentliches zukommt, darzustellen; Hobbes wende im Gegenteil möglichst konkrete Worte an, um nur nicht zu dulden, dafs die res cogitans vom Körper getrennt werde. Cartesius giebt zwar zu, dafs man eine Handlung nicht ohne ihr Subject auffassen könne, das Denken nicht ohne eine res cogitans aber gegen alle Vernunft und Logik scheint ihm der Schlufs, dafs diese res cogitans etwas Körperliches sein müsse. Die Subjecte aller Thätigkeit würden allerdings sub ratione substantiae oder, wenn man wolle, auch sub ratione materiae, nempe metaphysicae verstanden, aber deshalb doch nicht sub ratione corporum. Die Logiker pflegten, wie es überhaupt allgemein geschähe, zwischen geistiger und körperlicher Substanz zu unterscheiden.

Der Gegensatz in den grundlegenden Anschauungen beider Philosophen und damit die Ursache, weshalb sie zu keiner Verständigung gelangen, zeigt sich deutlich. Einig sind sie in der Annahme, dafs alles Wahrnehmbare von einem Etwas getragen werde, dessen Sein nur durch die Vernunft zu erkennen ist[1], ferner, dafs dieses Etwas ein existens per se sein müsse. Aber dann trennen sich ihre Gedankenbahnen. Cartesius ging von der Gewifsheit des „Ich" aus, als dessen Wesen er das Denken erkannte, und kam so dazu, dem an sich existierenden Etwas, der Substanz, soweit sie im Bereich dieser ersten Erwägungen lag, das Denken als essentielles Attribut zuzuschreiben. Als er dann im weiteren Verlaufe seiner Untersuchungen glaubte, auch der Körperwelt reale Existenz zugestehen zu müssen, teilte er der

---

[1] „Ein Satz, der in Wahrheit sehr zweifelhafter Natur ist," sagt Bergmann Geschichte der Philosophie Bd. I, 232.

den Körpern zu Grunde liegenden Substanz die Ausgedehntheit als essentielles Attribut zu, wie der Substanz der Geister, der „Ich's" das Denken.

Hobbes dagegen ging, wie ich in dem das Sein und Geschehen behandelnden Teil meiner Arbeit annehmen zu dürfen glaubte, von der Ueberzeugung aus, dafs alles Geschehen, alle Veränderung, Bewegung sei. Das Bewegte mufs etwas Ausgedehntes sein. Die Bewegungen vollziehen sich mechanisch nach bestimmten Gesetzen. Kein Ding kann sich selber Bewegung geben. — So ertheilte Hobbes dem nur durch die Vernunft erschliefsbaren existenz per se, dem subjectum, der Materie, als einzige reale Accidentien Bewegung und Ausdehnung. Aufser dieser Materie, meint er, könne nichts sein, da ein immaterielles Etwas einen Widerspruch in sich einschliefse. Dadurch ist er genötigt, auch das seelische Geschehen, Denken und Empfinden aus Bewegung der Materie zu erklären und die substantia spiritualis des Cartesius zu leugnen.

d. Wie erklärt Hobbes die Thatsache des Bewufstseins.

Wie erklärt nun Hobbes die Thatsache des Bewufstseins?

Zunächst bestreitet er überhaupt, dafs man wissen könne, dafs man weifs, dafs man denken könne, dafs man denkt (Object. ad Cart. med. object. II), und wiewohl angenommen werden darf, auch, dafs man empfinden könne, dafs man empfindet, weil daraus eine unbegrenzte Reihe von Fragen erwachsen würde: woher weifst du, dafs du weifst, dafs du weifst u. s. w.; man kann vielmehr nur denken, dafs man gedacht habe, empfinden, dafs man empfunden habe, d. h. sich erinnern (De corp. XXV, 1).

Es mufs, wie schon oben gezeigt ist, die durch irgend einen Gegenstand hervorgerufene Empfindungsvorstellung auch nach Entfernung des Objects eine zeitlang dauern, um frühere Vorstellungen mit ihr vergleichen und von ihr unterscheiden zu können. Damit uns eine Empfindung zum Bewufstsein gelange, ist also nicht nur eine gewisse Urteilsfähigkeit und der Wechsel von Vorstellungen, sondern vor allem Gedächtnis nötig. Wenn Hobbes das Bewufstsein in Bezug auf eine gegenwärtige Empfindung nicht gelten läfst und nur Bewufstsein einer vergangenen Empfindung zugiebt, so ist dadurch für die Erklärung des Bewufstseins selber natürlich nichts gewonnen.

Wenn er glaubt, das Bewufstsein des Vergangenen, das mit Gedächtnis identisch ist, erklärt zu haben, indem er sagt, es bestehe aus einer genügend starken und anhaltenden Reaction in dazu geeigneten Organen, in einer gewissen Urteilskraft und in dem Wechsel der Vorstellungen, so stellt er uns damit nur von neuem vor die von ihm nicht beantworteten Fragen: wie ist es möglich, dafs innere Körperbewegung als Vorstellung und Empfindung erscheint, und was ist das Subject, dem sie so erscheint und das über diese Erscheinungen urteilt.

Das in diesen Fragen enthaltene Problem scheint Hobbes zu fühlen, indem er sagt: „Von allen Erscheinungen, die bei uns existieren, ist das „Erscheinungen haben" selber die wunderbarste, dafs nämlich einige Naturkörper Abbilder fast aller Dinge in sich haben, andere Naturkörper dagegen gar keine" (De corp. XXV, 1). Eine Lösung findet, wie wir gesehen haben, das Problem bei ihm nicht.

Rückblick und Ueberleitung zum dritten Teil.

In der oben versuchten Darstellung habe ich mich bemüht, Hobbes Anschauungen über die einfachsten und ursprünglichsten Weisen des seelischen Geschehens, aus dem sich die complicierten Formen der Geistes- und Seelenthätigkeit ableiten lassen, wieder zu geben. Das Ergebnis dieser Darstellung läfst sich dahin zusammenfassen: Hobbes lehrt, dafs alles ursprüngliche seelische Geschehen Wahrnehmung der Erscheinungsweisen innerer Körperbewegung, mithin sinnlichen Ursprungs ist; ferner, dafs zwei Hauptarten solcher ursprünglichen seelischen Wahrnehmungen zu unterscheiden sind, nämlich die Empfindung und Vorstellung einerseits und das Gefühl andererseits.

Dem Gefühl entstammt, wie gesagt wurde, das Begehren und Verabscheuen, woraus Hobbes weiter die Leidenschaften, die passiones animi ableitet. Auf die Erfahrungssätze, die er über sie aufstellt, gründet er hauptsächlich seine Moral und Politik.

Die Empfindung und Vorstellung bildet die Grundlage alles Erkennens. Das nachzuweisen, wird die nächste Aufgabe des folgenden Teils dieser Arbeit sein.

III. Thomas Hobbes Lehre vom Erkennen.

Thomas Hobbes Lehre vom Erkennen findet sich zusammenhängend dargestellt in dem ersten, Computatio sive Logica überschriebenen Teil seines Buches über den Körper. Darüber hinaus enthalten fast alle anderen Schriften, vornehmlich der Leviathan und das Buch über den Menschen, seine Erkenntnislehre betreffende Ausführungen. Ich werde versuchen, zunächst Hobbes Lehre selbst zu klarer Darstellung zu bringen und erst daran einige kritische Bemerkungen zu knüpfen.

I. Darstellung der Lehre vom Erkennen.

A. Der Gedanke.

a. Der Ursprung der Gedanken.

Hobbes oben geschilderte Lehre vom Sein und Geschehen, vom Empfinden und Vorstellen führt ihn folgerichtig zum Sensualismus. Wenn alles Geschehen, auch das seelische Geschehen, Bewegung ist, und Bewegung, um entstehen zu können, einer von aufsen auf das Bewegte wirkenden Ursache bedarf, so kann in uns nichts geschehen, das nicht in seinem Ursprung einer Beeinflussung der Aufsenwelt zugeschrieben werden müfste. Da uns nun die Wirkungen der Aufsenwelt nur durch unsere Sinne vermittelt werden, sind die Sinne als die ursprüngliche Quelle aller geistigen Thätigkeiten anzusehen.

Wie ich im vorigen Teile der Arbeit gezeigt habe, nehmen wir die durch äufsere Gegenstände in unseren Sinnesorganen verursachte Bewegung als Empfindungsvorstellung wahr, beziehungsweise bei nicht mehr gegenwärtigem Wahrnehmungsobject als Einbildungsvorstellung. Aus diesen sinnlichen Vorstellungen mufs sich demgemäfs auch das Denken, Schliefsen und Erkennen entwickeln und ableiten lassen. So lehrt auch Hobbes: Origo omnium nominatur sensus. Nulla enim est animi conceptio, quae non fuerat ante genita in aliquo sensuum, vel tota simul, vel per partes. Ab his autem primis conceptibus omnes postea derivantur. (Lev. I, 1, Bd. III, 5); ferner: Et quoniam quicquid, ut dixi supra, concipimus, perceptum est ante in sensione, nulla inesse homini potest imaginatio rei, quae non sit percipienda sensibus. (Lev. I, 3, Bd. III, 20.)

Principia itaque scientiae omnium prima sunt phantasmata sensus et imaginationis. — (De corp. I, 6, 1, Bd. I, 59, ferner: De corp. IV, 25, 1, Bd. I, 310. -- IV, 26, 1, Bd. 1, 335.)

Aus den angeführten Stellen geht hervor, dafs Hobbes die Sinneswahrnehmung nicht nur als die Veranlassung zu höherem geistigen Geschehen betrachtet wissen will, wie etwa ein Stofs oder eine Erschütterung des Gefäfses, die Eisbildung des in ihm enthaltenen, unter 0 Grad erkälteten Wassers verursacht. Er sieht vielmehr in ihr die Quelle, die unserer Denkthätigkeit all ihr Material liefert, ohne die diese so wenig bestehen könnte, wie der Baum ohne seine Wurzel.

Der Geist umfafst nichts, das nicht in den Sinnen entstanden wäre. Kein Mensch hat einen Gedanken, der nicht durch die Sinne aufgenommen werden müfste.

b. Der Gedanke metaphysisch betrachtet.

Um das zu erklären, ist zunächst festzustellen, dafs Hobbes keine Unterscheidung macht zwischen dem Bilde eines Gegenstandes in unserer Vorstellung und dem Begriff in unserem Verstande: Eundem errorem errant, qui ideas alias in intellectu, alias in phantasia ponunt; quasi alia esset idea sive imago hominis, quae orta a sensu in memoria retinetur, alia, quae in intellectu est, quando intelligimus hominem esse animal; — (De corp. I, 5, 9. Bd. I, 54).

Der Gedanke ist also nichts anderes, als die Vorstellung.[1]) Da Bewegung nur Bewegung erzeugen kann, wird auch die durch sinnliches Wahrnehmen verursachte Denkthätigkeit nichts sein wie innere Bewegung[2]), und wie unsere Empfindungsvorstellungen sich, metaphysisch betrachtet, als Weisen darstellten, wie innere Bewegung von uns wahrgenommen wird, so auch unsere Gedanken.

c. Die Entstehung der Gedankenverbindungen.

Dem Ursprunge der einzelnen Gedanken oder Vorstellungen entsprechend, ist auch ihre Verbindung mit einander abhängig

---
[1]) cogitatio wird auch im Sinne von imaginatio oder phantasma von H. gebraucht, so Lev. I, 1, Bd. III, 5; ebenso Lev. I, 3, Bd. III, 11. 15 u. s. w. De corp. IV, 25, 8, Bd. I, 825.

[2]) et sic mens nihil aliud erit praeterquam motus in partibus quibusdam corporis organici (Object. ad. Cart. med. Object. IV, Bd. V, 258).

von der sinnlichen Erfahrung. Kein Übergang von einem Gedanken zu einem anderen kann stattfinden, der nicht ähnlich in der Empfindung stattgefunden hat: Sic ut nullam habemus imaginationem, quae non ante fuit in sensione vel tota vel per partes, ita nulla est transitio ab una cogitatione ad aliam, cujus similis non extiterat ante in sensione. (Lev. I, 3, Bd. III, 15).

Eine sinnliche Wahrnehmung zieht nämlich propter cohaesionem materiae motae eine Vorstellung nach sich, die einst in der Erfahrung mit ihr oder einer ihr ähnlichen Empfindungsvorstellung verknüpft war; diese reproduciert wieder eine früher durch sinnliche Wahrnehmung entstandene Vorstellungsverbindung. Je mehr solcher Vorstellungsverbindungen wir durch die Erfahrung erworben haben, um so gröfser wird die Anzahl der Gedanken, die einer gegebenen Vorstellung folgen kann; soviel ist aber gewifs, es mufs eine Vorstellung folgen, die ehemals in der Sinneswahrnehmung gefolgt war. (Lev. I, 3, Bd. III, 15. Ebenso De corpore IV, 25, 8, Bd. I, 324).

d. Die irregulären und regulierten Gedankenreihen.

Die so entstehenden Gedankenreihen (ich hatte ihrer schon im vorigen Teil der Arbeit zu gedenken) können ohne eine beabsichtigte Einwirkung des Denkenden, sich selbst überlassen, scheinbar[1]) ohne bestimmte Ordnung, irregulär sein, oder sie können reguliert, durch ein Begehren auf einen bestimmten Zweck gerichtet und auf ein Ziel bewufst hin geleitet sein. Aus der Vorstellung des begehrten Zieles, meint Hobbes, entspringe naturgemäfs der Gedanke an das Mittel es zu erreichen, nachdem wir einmal in der Erfahrung wahrgenommen haben, welche Ursache den von uns gewünschten Effect hervorrufe.

Auf dieselbe Weise zieht die Vorstellung des Mittels zu unserem Endzweck den Gedanken an das Mittel zum Mittel nach sich, bis wir endlich zu einem Mittel gelangen, das in unserer Macht steht. (Lev. I, 3, Bd. III, 16).

Von dem so gewonnenen Anfang führen unsere Gedanken

---

[1]) Quod autem in varietate hac phantasmatum alia ex aliis nascantur, et ex iisdem modo similia, modo dissimilia in mentem veniant, non sine causa nec tam fortuito fit, ut multi fortasse arbitrantur. (De corp. IV, 25, 8, Bd. I, 324).

wieder zurück zum gesetzten Ziel.[1]) Das Ziel, welches wir unseren Gedanken bestimmt haben, kann einmal bestehen im Auffinden der Ursache oder der Mittel, die zu einem gegebenen Effekt führen[2]) oder wir können uns vorgesetzt haben, von einer gegebenen Erscheinung alle möglichen Folgen und Wirkungen zu finden, wir können den Nutzen eines Dinges suchen wollen.[3]) Die von einem Zwecke geleiteten discursus animi bezeichnet Hobbes als ein Aufspüren und vergleicht sie den Thätigkeiten eines Suchenden, der, um das Verlorene wiederzuerlangen, im Geiste Schritt für Schritt den Weg zurücklegt, den er gegangen ist, bis er eine bestimmte Zeit und einen begrenzten Ort findet, wo er sein Suchen beginnen kann, und von hier aus auf demselben Wege zurückkehrt, um eine Veranlassung zu finden, die Schuld wäre, dafs er die gesuchte Sache verloren habe. Die Fähigkeit, welche dem Geiste solches Suchen ermöglicht, ist die Rückerinnerung. (Lev. I, 3, Bd. III, 17.) Sie setzt uns dadurch, dafs sie uns befähigt, vergangene Vorstellung zurückzurufen, in den Stand, über gemachte Erfahrungen zu urteilen und sie zu verwerten.

e. Auf die Zukunft gerichtete Gedankenreihen.

Die Gedankenreihe, welche auf die Zukunft gerichtet ist, indem wir auf Grund der Erinnerung ähnlicher Folge von Ereignissen in der Vergangenheit annehmen, dafs einem gegenwärtigen Zustande ein anderer folgen werde, heifst Voraussicht (praevisio, providentia); der unsere Vermuthung veranlassende gegenwärtige Umstand signum.[4])

Das Ergebnis dieser auf die Zukunft gerichteten Gedankenreihen kann natürlich keine Erkenntnis sein; es bleibt, ebenso wie die Vergangenes oder nicht von uns Wahrgenommenes be-

---

[1]) Quoniam cogitatio sive phantasma cupiti finis inducit phantasmata mediarum ad illum finem conducentium, idque ordine analytico a mediorum ultimo ad primum, et rursus a principio ad finem. (De corp. IV, 25, 8, Bd. I, 324.)

[2]) Eine Menschen und Tieren gemeinsame Gedankenrichtung.

[3]) Nur bei dem Menschen ist diese Gedankenrichtung zu finden und nur ihm ist eine solche Wifsbegier zuzumuten, meint Hobbes.

[4]) Signum est antecedenti eventui eventus consequens et contra, consequenti antecedens, quando similes consequentiae observatae ante fuerint: (Lev. I, 3, Bd. III, 19).

treffenden Gedankenverknüpfungen, blosse Annahme, deren Berechtigung von dem Umfang der Erfahrung, der Klugheit (experientia multa fit prudentia; Lev. I, 5, Bd. III, 38. Lev. I, 13, Bd. III, 87) des Voraussetzenden abhängt. (Lev. I, 3, Bd. III, 18 u. 19).

B. Die Vernunft und Vernunfterkenntnis.

a. Erfahrungskenntnis und wissenschaftliche Erkenntnis.

Die Sinneswahrnehmung, von der die Gedankenreihen ausgingen, giebt allerdings Kenntnis von Thatsachen, aber die unzweifelhafte Gültigkeit dieser Kenntnis erstreckt sich nur auf die einzelnen Fälle der Wahrnehmung und ist keine für unsere Vernunft notwendige.

Wir würden also darauf angewiesen sein, uns mit Erfahrungskenntnissen zu begnügen, deren Gelten wir mit mehr oder weniger Wahrscheinlichkeit auch für nicht durch Wahrnehmung bekannte Fälle annehmen dürfen.

Hobbes meint aber keineswegs, auf notwendig und allgemein geltende Erkenntnis verzichten zu müssen. Im Gegenteil, er sieht die Aufgabe der Philosophie oder Wissenschaft überhaupt grade darin, solche allgemeine Sätze über die Eigenschaften der Dinge aufzustellen.[1])

b. Die Vernunft.

Mit den bisher aufgeführten Gedankeninhalten würde der Mensch nicht wesentlich über das auch den Fähigkeiten der Tiere Zugängliche hinausgehen. Empfindung, Erinnerung und Klugheit ist beiden gemeinsam,[2]) ja, in der Klugheit sind die Tiere oft überlegen.[3])

---

[1]) Scientia intelligitur de theorematum, id est, de propositionum generalium veritate, id est, de veritate consequentiarum. Quando vero de veritate facti agitur, non proprie scientia, sed simpliciter cognitio dicitur (De hom. Lect. II, 10. Bd. II, 92). — Sed quoniam in philisophia cujus est de proprietatibus rerum regulas statuere universales — (De corp. I, 4, 7, Bd. I, 44). —

[2]) sensionem atque memoriam rerum, quae communes homini sunt cum omnibus animantibus, etsi cognitiones sint, — (De corp. I, 12, Bd. I, 2).

[3]) Quod autem inter hominem et brutum differentiam facit essentialem, prudentia non est. Sunt enim animalia alia quae, earum rerum, quae ad finem suum conducunt, plura observant et prudentius persequuntur, unicum annum nata, quam puer decennis. (Lev. I, 3, Bd. III, 19.)

Aber aufser den bisher betrachteten natürlichen Geisteskräften besitzt der Mensch noch erworbene.[1]) Er kann vermöge der Sprache, die ihm allein eigen, (De hom. Sect. II, 10, 1, Bd. II, 88. Lev. I, 4, Bd. III, 30), seine natürlichen Gaben so ausbilden, dafs er über alle Lebewesen sich weit erhebt.[2]) Durch die Sprache nämlich hat er die Vernunft erworben,[3]) und sich damit über die Grenzen der Erfahrung hinaus in das Gebiet der wissenschaftlichen Erkenntnis begeben. Vernunft definirt Hobbes in weiterem Sinne als die Fähigkeit, beabsichtigt gegebene Zeichen anderer zu verstehen, und als solche schreibt er sie freilich auch den Tieren zu; aber diese, z. B. die Haustiere, verstehen nur die Zeichen oder Worte insofern als sie Ausdruck eines Wunsches oder Willens sind, (Lev. I, 2, Bd. III, 14. De hom. Sect. II, 10, Bd. II, 88), nicht aber als Worte d. h. als Ausdruck eines Gedankens. In diesem engeren Sinne kommt nur den redebegabten Wesen, den Menschen Vernunft zu.[4])

Auch das Kind hat also, bevor es der Sprache mächtig ist, keine Vernunft.[5])

c. Das Schliefsen oder Denken ist ein Rechnen mit Worten.

Weiter versteht Hobbes unter Vernunft (intellectus, ratio) nicht allein die Fähigkeit die Worte anderer als Ausdruck ihrer Gedanken zu verstehen, sondern vor allem die Fähigkeit, durch

---

[1]) Virtutes autem hae duorum sunt generum; naturales et acquisitae. Per ingenium naturale non intelligo illud tantum, quod cum homine nascitur, quod aliud non est quam sensus, in quo unus homo alii non multo magis praestat quam bestiae; sed intelligo ingenium, quod usu solo et experientia, sine methodo cultu vel doctrina, accedit hominibus aetate (Lev. I, 8, Bd. II, 54).

[2]) Nam praeter sensum et imaginationem et cogitationum seriem, humano animo nullus alius inest motus; quanquam sermonis et ordinis beneficio eaedem facultates promoveri in tantum possunt, ut per eas homo a caeteris animalibus omnibus distingui possit (Lev. I, 3, Bd. III, 20).

[3]) Ingenium acquisitum — nullum est praeter rationem, quae orta a recto sermonis usu, producit scientias (Lev. I, 8, Bd. III, 58. Lev. I, 5, Bd. III, 37. u. 38.).

[4]) intellectus enim aliud non est praeter conceptum, natum a sermone. Itaque si sermo homini peculiaris sit, ut videtur esse, etiam homini soli proprius intellectus est (Lev. I, 4, Bd. III, 30. — Lev. II, 27, Bd. III, 120. De homine Sect. II, 10, 1. Bd. II, 89).

[5]) Infantes igitur actum rationis, antequam sermonis usum acquisierint, non habent (Lev. I, 5, Bd. III, 37).

eigenen richtigen Wortgebrauch zu folgern, zu schliefsen. Schliefsen, Denken ist ein Rechnen mit Worten, ein Addieren und Subtrahieren, und darin besteht die Wissenschaft. — Die Lateiner nannten rationes ihre Rechnungsbücher, das Berechnen selbst ratiocinatio und das, was wir in rationibus ebenso nennen, nomen. So wurde das Wort ratio auch auf die Fähigkeit mit anderen Dingen zu Rechnen ausgedehnt. Bei den Griechen bezeichnete das eine Wort λόγος sowohl Rede als Vernunft. — Den Weisen dienen die Worte als Rechensteinchen, mit denen sie rechnen. (Lev. I, 4, Bd. III, 28) — Wer schlufsfolgert, sucht entweder das Ganze durch Addition der Teile, oder den Rest durch Subtraktion eines Teils vom Teile. Geschieht das in Worten, so ist es nichts anderes, als Vorstellung der Beziehung des Namens für einen Teil zur Bezeichnung des Ganzen, oder der Bezeichnung des Ganzen und des Teils zum Namen des übrigen Teils. Freilich kommen bei der Berechnung mit Zahlen noch andere Operationen aufser Addition und Subtraktion vor, nämlich Multiplication[1]) und Division; aber diese sind auf Addition und Subtraktion zurückzuführen. (Lev. I, 5, Bd. III, 31 u. 32.)[2])

d. Die Definition vom Schliefsen.

Hobbes definiert also Schlussfolgern:

Per ratiocinationem autem intelligo computationem. Computare vera est plurium simul additarum summam colligere, vel una re ab alia detracta, cognoscere residuum. Ratiocinari igitur idem est, quod addere et subtrahere, si quis adjungat his multiplicare et dividere, non abunam, cum multiplicatio idem sit, quod aequalium additio, divisio, quod aequalium, quoties fieri potest.

---

[1]) An anderen Stellen wird gesagt, multiplicieren könne man nur durch Zahlen: Praeterea multiplicare quic quam posse nisi per numerum absurdum dictu est (Lux math. Praefatio Bd. V, 96). Ebenso: Primae partis doctr. Wallis. de motu brevis mensura. Bd. V, 65. Princ. et Problem. Bd. V, 167.

[2]) Ex iis, quae dicta sunt, rationem definire, id est vocis ejus, quatenus sumitur pro facultate animi, significationem determinare possumus. Ratio enim, hoc sensu, nihil aliud est praeter computationem sive additionen et subtractionem nominum generalium, quae ad notationem sive significationem cogitationum nostrarum recipiuntur. — Ubicunque locus est additioni et subtractioni, ibi etiam locus est rationi. — (Lev. I, 5, Bd. III, 32.)

subtractio. Recidit itaque ratiocinatio omnis ad duas operationes animi, additionem et subtractionem. — (De corp. I, 1, 2, Bd. I, 3.)[1])

e. Die cognitio τοῦ ὅτι und die cognitio τοῦ διότι.

Die Erfahrung gab uns nur Kenntnis von Thatsachen und die Klugheit liefs uns auf Grund dieser Kenntnis zu mehr oder weniger wahrscheinlichen Annahmen in Bezug auf das nicht durch Wahrnehmung selbst Bekannte gelangen.[2])

Das Denken nun vermag uns vom Meinen zum Wissen zu erheben, zu allgemein und notwendig geltenden Sätzen, indem es uns nicht Kenntnis von der Existenz der Dinge giebt, sondern uns das Warum der Existenz, den Zusammenhang der Dinge kennen lehrt. Während Wahrnehmung und Erinnerung cognitio τοῦ ὅτι sive quod est bleiben, gewährt die durch richtiges Schlufsverfahren erworbene cognitio τοῦ διότι Wissen.[3])

Wir wissen nicht, dafs eine Sache so ist, wenn wir nicht wissen, weswegen sie so ist. Daher pflegen die Aristoteliker zu sagen, scire est per causam scire.[4]) (Exam. et emend. math. hodiernae. Dial. I, Bd. IV, 42.) — investigatio causarum, a qua sola sperari potest scientia (Exam. et emend. Dial. I, Bd. IV, 10).

Siquidem philosophia sit (ut est) scientia causarum (De nat. aeris. Bd. IV, 278).

---

[1]) Non ergo putandum est computationi, id est ratiocinationi in numeris tantum locum esse — — nam et magnitudo magnitudini, corpus corpori — — oratio orationi, nomen nomini (in quibus omne philosophiae genus continetur) adjici adimique potest (De corp. I, 1, 3, Bd. I, 4).

[2]) Incerta, quando id in quibusdam tantum rebus, quod dicit, verum est. aliis non item. Itaque signa prudentiae incerta omnia sunt (Lev. I, 5, Lev. III, 39),

[3]) Itaque scientia τοῦ διότι sive causarum est; alia cognitio omnis, quae τοῦ ὅτι dicitur, sensio est vel a sensione remenens imaginatio sive memoria (De corp. I, 6, 1, Bd. I, 59).

Sensus memoria facti tantum cognitio est; scientia autem cognitio est consequentiarum unius facti ad alterum (Lev. I, 5, Bd. III, 37).

Scientia intelligitur de theorematum, id est, de propositionum, generalium veritate, id est de veritate consequentiarum. Quando vero de veritate facti agitur, non proprie scientia, sed simpliciter cognitio dicitur (De hom. Sect. II, 10, 4, Bd. II, 92).

[4]) Aristoteles sah das Ziel der Wissenschaft in der Erkenntnis des Allgemeinen und Notwendigen, d. i. in der Einsicht der höchsten allgemeinsten und schlechthin voraussetzungslosen Gründe. (Anal. post. I, 2, Anf. c. 14. 79, a, 23. II, 11, Anf. u. o. Eth. N. VI, 7. 1141, a, 17. Metaph. I, 1. 981, a 28. 982, a, 1).

C. Die Sprache.

a. Die Erfindung der Sprache.

Die Sprache, der wir die Entwickelung der Vernunft aus den natürlichen Geistesgaben, die Fähigkeit zu schliefsen[1]) verdanken, ist die bedeutsamste und älteste Erfindung des Menschengeschlechts.[2])

Ihr erster Schöpfer war der erste Mensch, der die Geschöpfe, die Gott ihm zuführte, benannte. Zunächst bildete sich nun der Gebrauch weniger Bezeichnungen für die täglich vorkommenden Dinge aus. Je nach Bedarf und Erfahrung wurde der Wortschatz vermehrt. (Lev. I, 4, Bd. III, 21. De hom. Sect. II, 10, 2, Bd. II,89).

b. Das Verhältnis des Wortes zum Ding und Gedanken.

Die Wahl des Wortes als Benennung stand im Belieben der Menschen und war eine völlig willkürliche. Es sei kindisch, anzunehmen, meint Hobbes, die Benennungen wären den einzelnen Dingen ihrem Wesen entsprechend gegeben worden. Wie könnte es sonst angehen, dafs verschiedene Sprachen existierten, obwohl das Wesen der Dinge überall auf der Erde dasselbe sei. (De hom. Sect. II, 10, 2, Bd. II, 90). Wem kann es in den Sinn kommen, zu bezweifeln, dafs die Worte nach Willkür von den Menschen gewählt sind, wenn er beobachtet, wie täglich neue Worte auftauchen und alte vergessen werden, wenn er den verschiedenen Wortgebrauch bei den Völkern sieht, und wenn er bedenkt, dafs es zwischen Wort und Ding keine Aehnlichkeit und keinen Vergleichungspunkt giebt. (De corp. I, 2, 4, Bd. I, 14.)[3])

Wenn er an einer anderen Stelle (De corp. I, 3, 3, Bd. I, 29) schreibt: Causae autem nominum eaedem sunt, quae nostrorum conceptuum, nimirum potentia aliqua vel actio vel affectio rei conceptae, vel ut aliqui loquuntur modi ejus, so will er causae

---

[1]) Quemadmodum igitur orationi bene intellectae debent homines, quicquid recte ratiocinantur (De corp. I, 3, 8, Bd. I, 32, s. ferner Ibid. I, 4, 8, Bd. I, 245).

[2]) Nobilissima autem et omnium utilissima fuit inventio sermonis (Lev. I, 4, Bd. III, 27).

[3]) Nomina enim non a rerum speciebus, sed a voluntate hominum constituta sunt (De corp. I, 5, 1, Bd. I, 50).

nominum hier natürlich nur in der Bedeutung von Veranlassung für die Namengebung verstanden wissen. Genau gesprochen dürfte man die Worte nicht Bezeichnungen der Dinge nennen; sie sind vielmehr Ausdruck unserer Wahrnehmungen, unserer Gedanken über die Dinge. — Nomina — signa sunt conceptuum; manifestum est ea non esse signa ipsarum rerum (De corp. I, 2, 5, Bd. I, 15). In welch anderem Sinn kann man verstehen, das Wort Stein sei Bezeichnung eines Steines, als dafs der Hörer annimmt, der Sprechende habe an einen Stein gedacht.

c. Die Gedanken- und Wortreihen.

Wie ein Wort die einzelne Vorstellung bezeichnet, so eine Zusammensetzung von Worten eine Zusammensetzung von Vorstellungen. Dabei mufs man sich jedoch hüten, anzunehmen, dafs der Vorstellungs- und Wortzusammensetzung eine Zusammensetzung der Dinge aufserhalb des Geistes entspräche, als könne es in Wirklichkeit irgend ein zunächst unvorstellbares und eigenschaftsloses Etwas geben, dem man Gröfse zuerteile und das nun ein Quantum sei, dem hiernach Form, Farbe u. s. w. zugefügt werde. (De corp. I, 2, 14, Bd. I, 22).

d. Der Gebrauch der Sprache als nota und signum unserer Gedanken.

Der allgemeinste Gebrauch der Sprache ist die Verwandlung des discursus mentalis in einen discursus verborum, der Gedankenreihe in ein Wortreihe. Damit erfüllt sie eine doppelte Aufgabe, nämlich erstens dient sie uns selber als Merkmal (nota), um Gedanken ins Gedächtnis zurückzurufen, zweitens ist sie anderen Kennzeichen (signum) unserer Gedanken und vermittelt den Austausch derselben unter den Menschen. (Lev. I, 4, Bd. II, 22).

Es wurde im Vorigen öfter erwähnt, dafs Bewegung nicht in einem Körper entstehen kann, ohne dafs sie von aufsen veranlafst wäre, und Gedanken d. i. die Weisen, wie wir innere Bewegung wahrnehmen, können nur durch die Sinne erzeugt werden.

Ebenso ist es unmöglich, dafs eine einmal erworbene Vorstellung wiederkehrte, ohne dafs sie durch ein sinnlich wahrnehmbares Merkmal, mit dem sie einmal verknüpft war, propter cohaesionem materiae motae zurückgerufen würde.

Wir müfsten also jeden einmal gefafsten Gedanken, das Ergebnis jeder Erwägung durch erneute Arbeit wiedergewinnen, denn seine Rückkehr in die Erinnerung wäre eine ganz zufällige, wenn wir nicht durch die Verknüpfung der Vorstellung mit ihrer Benennung ein solches sinnlich wahrnehmbares, in unserem Belieben stehendes Merkmal besäfsen. Durch diese monimenta sensibilia können wir ganz nach unserem Willen vergangene Gedanken zurückrufen; die Wissenschaft wäre ohne die Worte als notae nicht möglich. (De corp. I, 2, 1. Bd. I, 11 u. 12).

Die notae dürfen aber nicht nur Verständlichkeit für die eine Person haben, die sie anwandte. In dem Fall würde alles Wissen auf den Erzeuger des Wissens beschränkt bleiben. Die notae müssen vielmehr gemeinverständlich sein, um anderen gleichzeitig denselben Dienst leisten zu können, wie uns; sie müssen anderen Kennzeichen (signa) unserer Gedanken sein und wir müssen uns durch sie anderen Menschen mitteilen können. Nur so kann durch die Sprache zum Nutzen des ganzen Menschengeschlechts Wissenschaft verbreitet werden. — Der Unterschied zwischen dem Wort als nota und signum ist also der, dafs wir es im ersten Fall um unseretwillen, im anderen Fall um anderer Willen gebrauchen. (De corp. I, 2, 2, Bd. I, 13).

D. Logik I.

a. Das Wort und seine Einteilung.

α. Die Definition von Wort.

Die menschlichen Laute, so verknüpft, dafs sie Kennzeichen unserer Gedanken sind, werden Rede, die einzelnen Teile Worte genannt. (De corp. I, 2, 3, Bd. I, 13).

Hobbes definiert Wort: Nomen est vox humana arbitratu hominis adhibita, ut sit nota, qua cogitationi praeteritae cogitatio similis in animo excitari potest, quaeque in oratione disposita, et ad alias prolata signum iis est qualis cogitatio in ipso proferente praecessit vel non praecessit. (De corp. I, 2, 4, Bd. I, 14).

β. Die Einteilung der Worte.

Die erste Unterscheidung der Worte ist die in Positiva oder Affirmativa und in Negativa, die auch Privativa und Infinita genannt werden. — Wie bereits an früherer Stelle erwähnt, lehrt Hobbes, dafs mit dem Empfinden ein Urteilen über die Empfindungsobjecte, ein Vergleichen und Unterscheiden der Vorstellungen verbunden sein müsse, d. h. ein Bemerken von Ähnlichkeit und Unähnlichkeit mit früheren Vorstellungen. (De corp. IV, 25, 5, Bd. I, 320). Die Positiva nun werden, um eine Ähnlichkeit, Gleichheit oder Identität zu bezeichnen, die Negativa zur Bezeichnung einer Verschiedenheit, Unähnlichkeit oder Ungleichheit der betrachteten Dinge mit der den betreffenden Worten verbundenen Vorstellung gesetzt. (De corp. I, 2, 7, Bd. I, 17).

Positiva bezeichnen etwas, das ist oder zu sein scheint, Negativa sagen aus, dafs ein nomen nicht die Bezeichnung für den in Frage kommenden Gegenstand sei. (Lev. I, 4, Bd. II, 29).

Das nomen positivum und negativum sind einander kontradictorisch entgegengesetzt, so dafs nur eines oder das andere, nicht beide zugleich, die einem Dinge zukommende Bezeichnung sein kann.

Die Gewifsheit dieses (bekanntlich von Aristoteles gefundenen) Axioms ist die Grundlage und das Fundament aller Schlufsfolgerung, aller Philosophie.[1]

Eine weitere Unterscheidung der Worte ist die, dafs ein Teil der Bezeichnungen mehreren Dingen gemeinsam, ein Teil einzelnen Dingen eigen ist. Das nomen commune, das in einer Mehrzahl von Dingen jedem einzelnen, nicht der Gesammtheit als solcher, zukommt, wird universale genannt.

Es kommt also die Bezeichnung universal nicht einem Dinge oder einer Vorstellung, einem Gedanken, sondern immer nur einem Worte zu.[2]

Man kann nicht sagen Mensch, Fels u. a. m. sei universal, sondern nur das Wort „Fels", das Wort „Mensch" ist universal. Die mehreren Dingen gemeinsamen Bezeichnungen sind

---

[1] Hujus axiomatis certitudo nimirum (duorum nomnium contradictoriorum, alterum cujuslibet rei nomen esse, alterum non esse) principium est et fundamentum omnis ratiocinationis, id est omnis philosophiae (De corp. I, 2, 8, Bd. I, 17).

[2] Nihil enim in rerum natura universale est praeter rerum vocabula; nam res nominatae sunt omnes individuae et singulares (Lev. I, 4, 2, Bd. III, 24).

Universalien, die ihnen entsprechenden Gedanken sind dagegen stets die Vorstellungen einzelner Wesen oder Dinge. (De corp. I, 2, Bd. I, 17 u. 18).

Es giebt überhaupt keine allgemeinen Vorstellungen.[1]) Es ist unmöglich, dafs in unserem Geiste sich die Vorstellung eines Menschen fände, die nicht die eines einzelnen Menschen, sondern schlechthin des Menschen wäre.

Jede Idee ist Eine und nur Eines Gegenstandes Vorstellung. (De corp. I, 5, 8, Bd. I, 53 u. 54).

Die nomia communia können einem gröfseren oder kleineren Kreis von Dingen zukommen und werden danach in generalia und specialia, in Genus und Species eingeteilt. (De corp. I, 2, 9, Bd. I, 18. Lev. I, 4, Bd. III, 24).

Eine dritte Unterscheidung ist die in nomina primae und secundae intensionis, ersterer gehören die nomina rerum, der anderen Gruppe die nomina nominum an. (De corp. I, 2, 10. Bd. I, 19).

Viertens kann der Gedanke durch ein Wort bestimmt und begrenzt werden, oder unbestimmt und unbegrenzt gelassen werden. Ein Wort der ersten Gattung läfst den Hörer ganz genau das Individuum denken, das der Redende verstanden wissen will. Durch Hinzufügung von alle, jeder, jeder beliebige u. s. w. erhält das Wort einen erweiterten Gültigkeitsumfang, innerhalb dessen es jedem Einzelnen zukommt, es wird universal genannt. Fernere Unterscheidungen sind die in nomina indefinita und particularia, univoca und aequivoca. (De corp. I, 2, 11 u. 12, Bd. I, 19 u. 20).

Fünftens: nomina relativa bezeichnen ein Verhältnis der mit ihnen verknüpften Vorstellungen, z. B. Vater, Sohn, Ursache, Wirkung. Die ein solches Verhältnis nicht angebenden nomina heifsen absoluta. Dabei ist zu merken, dafs, wie die Bezeichnung universal nur auf das Wort, nicht auf die Sache geht, so auch die übrigen hier genannten Unterscheidungen nicht die Dinge betreffen. (De corp. I, 2, 13, Bd. I, 20. Ebenso Lev. I, 4, Bd. III, 29).

Sechstens: einige Worte sind einfach, andere zusammengesetzt, was aber nicht im Sinne der Grammatiker zu verstehen

---

[1]) Spinoza dagegen nahm allgemeine Ideen, Vorstellungen, wie die des Menschen überhaupt, an und erklärte sie daraus, dafs die einzelnen Vorstellungen in einander fliefsen und, während das, worin sie übereinstimmen, in der Erinnerung bleibe, das rein Individuelle vergehe. So bleibt eine Vorstellung der Gattung zurück. Siehe darüber Bergmann, Geschichte der Philosophie Bd. I, 103.

ist. (Lev. I, 4, Bd. III, 24.) Ein nomen simplex ist das in seinem genus allgemeinste und universalste, das nomen compositum ist eine Einschränkung des nomen simplex durch Hinzufügung eines anderen Wortes, z. B. nomen simpl.: Körper, nomen compos.: belebter Körper, belebter, vernunftbegabter Körper, d. i. Mensch. So sehen wir, daſs der Zusammensetzung unserer Vorstellungen im Geiste eine Zusammensetzung der Worte entspricht; wie nämlich zu einer Idee eine andere hinzukommt, so zu einem Wort ein anderes, und aus allen wird ein nomen compositum gebildet.

Wie schon erwähnt, entspricht eine ähnliche Zusammensetzung in den Dingen der Komposition der Vorstellungen in den Worten nicht. (De corp. I, 2, 14, Bd. I, 22).

b. Der Aussagesatz und seine Formen.

α. Die Definition vom Aussagesatz.

Aus der Verknüpfung der Worte entstehen die verschiedenen Arten der Rede: Frage, Bitte, Befehl u. s. w. Für die Philosophie kommt jedoch nur eine Form der Rede in Betracht, nämlich die Behauptung, Aussage, die Proposition.

Hobbes definirt: Est autem Propositio oratio constans ex duobus nominibus copulatis, qua significat is qui loquitur, concipere se nomen posterius ejusdem rei nomen esse, cujus est nomen prius; sive (quod idem est) nomen prius a posteriore contineri (De corp. I, 3, 2, Bd. I, 27).

Jede Proposition besteht demnach aus drei Teilen, Subject, Prädicat und Copulation. Sie rufen im Geiste den Gedanken an ein und denselben Gegenstand wach. Die Copula giebt den Gedanken des Grundes an, weswegen jene Bezeichnungen diesem Gegenstand beigelegt werden.

Hieraus erwächst die Unterscheidung in Concreta und Abstracta. Concretum ist das nomen eines als existierend angenommenen Gegenstandes, wie der Körper, das Bewegte u. dergl. m.; Abstractum das, was die in dem angenommenen Dinge existierende Ursache seiner Benennung ist[1]), z. B. das Körper-sein, Bewegt-sein oder dem gleichbedeutende Worte wie Körperlichkeit, Bewegtheit. Auch die Infinitive gehören hierher. — Der Brauch und Miſsbrauch

---

[1]) Nomina autem abstracta causam nominis concreti denotant, non ipsam rem.

der Abstracta ist im gewöhnlichen Leben und besonders in der Philosophie grofs. Ohne die Abstracta ist ein Schliefsen, d. h. ein die Eigenschaften der Körper Berechnen nicht möglich. Wollten wir Eigenschaften wie Farbe, Licht, Schnelligkeit addieren oder subtrahieren mittelst der nomina concreta, so würden wir die Körper, denen die Eigenschaften zukommen, nicht aber die Eigenschaften vermehren oder vermindern. Der Mifsbrauch, zu dem die Abstracta verleiten können, besteht darin, dafs man annimmt, auch in der Wirklichkeit gäbe es Eigenschaften ohne Körper, weil man in der Erwägung die Eigenschaften losgelöst von den Körpern betrachten kann.[1]) (De corp. I, 3, 3 u. 4. Bd. I, 28)[2]).

β. Die Unterscheidung der Aussagesätze.

Die Unterscheidung der Aussagesätze ist eine vielfache: Wie die einzelnen Worte, so können die Sätze universal, particulär, indefinit und singulär sein, jenachdem das Subject des Satzes universal, particulär u. s. w. ist. Diese Unterscheidungen sind gemäfs der Quantität gemacht. (De corp. I, 3, 5, Bd. I, 31).

Nach der Qualität unterscheiden sie sich in affirmative und negative Sätze. Ist das Prädikat ein nomen positivum, so heifst der Satz affirmativ, ist es ein nomen negativum, negativ. (De corp. I, 3, 6, Bd. I, 31).

Drittens können die Sätze wahr oder falsch sein. Wahr ist der Satz, dessen Prädikat in seinem Umfange das Subject enthält, oder dessen Prädikat ein nomen ist, welches dem Subject zukommt.[3])

Der Satz, dessen Prädikat in seinem Umfange das Subject nicht enthält, heifst falsch. Die Wahrheit besteht also in der Aussage, nicht in den Dingen.[4])

Wenn das Wahre in Gegensatz gebracht wird zum Scheinbaren oder Erdichteten, so ist dieser Gegensatz auf die Gültigkeit

---

[1]) siehe den Nominalismus des Wilhelm von Occam.

[2]) Appellantur autem hujusmodi nomina abstracta, non quod abstrahantur a materia, sed a materiae computatione (Lev. I, 4. Bd. III, 28).

[3]) Veritas idem est, quod vera propositio; vera autem propositio, in qua nomen consequens, quod vocatur a logicis praedicatum, complectitur amplitudine sua nomen antecedens, quod vocatur subjectum (De cive Sect. III, 18, 4, Bd. II, 419).

[4]) Nam verum et falsum attributa sunt non rerum sed orationis. Ubi autem oratio non est; ibi neque verum est neque falsum (Lev. I, 4, Bd. III, 26).

oder Ungültigkeit der Proposition zurückzuführen. So sagt man das Bild des Menschen im Spiegel, das Spiegelbild sei kein wahrer Mensch, weil der Satz: Das Spiegelbild ist der Mensch, nicht wahr ist. Dafs dagegen das Spiegelbild ein wahres Spiegelbild sei, kann nicht geleugnet werden. Wahrheit ist also keine Beschaffenheit des Gegenstandes, sondern des Satzes. (De corp. I, 3, 7, Bd. I, 32). Von Wahrheit und Unwahrheit kann daher nur die Rede sein bei Wesen, die der Sprache mächtig sind. Tiere können sich wohl in ihren Vorstellungen durch Ähnlichkeiten täuschen lassen, aber von wahr oder unwahr darf bei ihnen nicht gesprochen werden.

Aus dem kann weiter gefolgert werden, dafs die ersten Wahrheiten nach Belieben der ersten Namengeber oder derjenigen, welche die gegebenen Namen acceptierten, entstanden seien.[1])

Viertens werden die Propositionen in propositio prima und non prima eingeteilt.

Propositio prima ist ein Satz, dessen Prädikat durch mehrere Worte den Begriff des Subjectes erklärt, wie: Mensch ist ein lebender vernunftbegabter Körper. Derselbe Begriff, den das Wort Mensch bezeichnet, wird durch die vereinigten Worte lebend, vernunftbegabt, Körper ausgedrückt. — Prima wird die Proposition deshalb genannt, weil sie die erste bei dem Schliefsverfahren ist; denn, wenn man nicht vorher das Wort für den Gegenstand, um den es sich handelt, begriffen hat, so kann nichts bewiesen werden. — Die propositiones primae sind nichts anderes als Definitionen oder Teile von Definitionen, nämlich Wahrheiten, die durch Uebereinkunft der Redenden und Hörenden festgesetzt sind und deswegen unbeweisbar.[2])

---

[1]) Deduci hinc potest, veritates omnium primas ortas esse ab arbitrio eorum, qui nomina rebus primis imposuerunt, vel ab aliis posita acceperunt (De corp. I, 3, 8. Bd. I, 32). — Derivantur autem ab ipsa propositione, revocando in memoriam quibus rebus significandis nomina, ex quibus propositio conflatur, communi consensu usurpantur (De cive Sect. III, 18, Bd. II, 418).

et veritatem scire idem, quod, esse eam a nobismet ipsis ipsa nominum usurpatione factam, meminisse (De cive Sect. III, 18. Bd. II, 419).

[2]) Sunt primae autem nihil aliud praeter definitiones, vel definitionis partes et hae solae principia demonstrationis sunt, nimirum veritates arbitrio loquentium audientiumque factae, et propterea indemonstrabiles (De corp. I, 3, 9, I, 33).

Definitio denique neque demonstrabilis est, nec esse debet: cum sit demonstrationis principium (De princ. et rat. geometr. cap. IX, Bd. IV, 409).

Da die rechtmäfsige Definition also ihre Wahrheit einem Willensakte, der Zustimmung der Menschen, verdankt, ist an ihrer Wahrheit nicht zu zweifeln.[1])

In richtiger Ordnung der Worte besteht die Wahrheit; so mufs der, welcher Wahrheit sucht, stets genau den Gebrauch der Worte beobachten. Thut er das nicht, so verwickelt er sich in seiner eigenen Rede immer mehr, wie der Vogel auf der Leimrute um so fester anklebt, je mehr er sich bemüht, frei zu werden. Die Geometrie, fast die einzige genaue Wissenschaft, beginnt daher mit Erklärung der Worte, die sie gebraucht, mit Definitionen. (Lev. I, 4, Bd. III, 26[2]).

Fünftens wird der notwendig wahre und der zwar wahre, aber nicht notwendig wahre Aussagesatz unterschieden. Notwendig wahr ist ein Satz, wenn kein Gegenstand zu keiner Zeit gedacht werden kann, dessen Bezeichnung dem Subject zukommt, ohne auch dem Prädikat zuzukommen. Ein zutreffender Satz kann zu anderen Zeiten und unter anderen Umständen falsch sein. Notwendige Sätze sind also von ewiger Wahrheit. Auch daraus wird klar, dafs Wahrheit nicht an die Dinge, sondern an die Sätze gebunden ist; denn es wird z. B. immer wahr sein: si homo, tum animal; dafs es aber Menschen ewig geben müsse, ist nicht nötig. (De corp. I, 3, 10, Bd. I, 30, 31).

Sechstens: Categorisch sind die Sätze, welche mit absoluter Gültigkeit; hypothetisch, die mit bedingter Gültigkeit ausgesprochen werden. In notwendig wahren Sätzen haben beide Formen der Aussage dieselbe Bedeutung, in zutreffenden dagegen nicht. So oft ein hypothetischer Satz wahr ist, hat der ihm entsprechende categorische Satz nicht nur Wahrheit, sondern notwendige Wahrheit. (De corp. I, 3, 11, Bd. I, 35.)

Sätze mit gleichen Benennungen in derselben Ordnung, aber durch Verschiedenheit an Quantität und Qualität modificiert, teilen

---

[1]) De veritate quidem definitionis legitimae, quoniam habent veritatem suam a consensu et arbitrio hominum rebus explicatis nomina suo libitu imponentium, dubitari non potest. (Principia et Problem. Cap. I, Bd. V, 157.)

[2]) Primus ergo sermonis usus, quae acquisitio est scientiarum, consistit in recta nonimum definitione, primusque abusus in definitione falsa vel nulla. (Lev. I, 4, Bd. III, 27 — s. ferner: Exam et Emend. math. hod. Bd. IV, 25. — Princip. et Probl. Bd. V, 203, 205.) — Si discursus ergo sit in verbis incipiatque a definitionibus verborum. -- (Lev. I, 7, Bd. III, 52.)

sich in propositiones subalternae, contrariae, subcontrariae und contradictoriae.

Propos. subalternae sind universale und partikuläre Sätze gleicher Qualität. Wenn der universale Satz wahr ist, so ist es auch der partikuläre.

Propos. contrariae sind universale Sätze verschiedener Qualität. Wenn der eine wahr ist, so ist es der andere nicht; es können auch beide falsch sein.

Propos. subcontrariae sind partikuläre Sätze verschiedener Qualität, die nicht beide falsch, aber beide wahr sein können.

Propos. contradictoriae sind Sätze verschiedener Qualität und Quantität, welche weder beide wahr, noch beide falsch sein können. (De corp. I, 3, 17, Bd. I, 37.)

c. Der Syllogismus und seine Figuren.

α. Das Wesen des Syllogismus.

Ein Satz, der aus zwei anderen Sätzen gefolgert ist, muſs, wenn diese als wahr angenommen werden, auch wahr sein. (De corp. I, 3, 18, Bd. I, 37.) — Wahres kann zuweilen aus Falschem, nie aber Falsches aus Wahrem gefolgert werden. (De corp. I, 3, 19, Bd. I, 38.) [1])

Da aus wahren Sätzen nur Wahres folgen kann, und so die Einsicht der wahren Sätze die Ursache des folgenden Wahren ist, werden die beiden vorangehenden Sätze die Ursache des folgenden Satzes genannt. Die Logiker sagen, die Prämissen seien die Ursache des Schlusses. Um genau zu sprechen, wäre zu sagen, das Denken der Prämissen ist die Ursache für das Denken der Conclusio, nämlich die causa efficiens. (De corp. I, 3, 20, Bd. I, 38.)

Eine aus drei Sätzen bestehende Rede, in der der dritte Satz aus den beiden anderen folgt, heiſst Syllogismus. Der Folgesatz selbst conclusio, die Vordersätze Prämissen. (De corp. I, 4, 1, Bd. I, 39.)

Aus zwei Sätzen, die keine gemeinsame Benennung haben, kann keine Conclusio folgen, also kein Syllogismus entstehen. Es

---

[1]) Scis autem ex falsis verum, etsi non contra ex veris falsum concludi potest (Exam. et Em. math. hod. Bd. IV, 175.)

können sich daher in den Prämissen eines Syllogismus nur drei Termini finden und aufserdem kann in der Conclusio kein Terminus sein, der nicht in den Prämissen gewesen wäre. Folglich können in jedem Syllogismus überhaupt nur drei Benennungen vorkommen. (De corp. I, 4, 2, Bd. I, 40.) Terminus major pflegt das Wort genannt zu werden, welches in der Conclusio Prädikat ist, terminus minor das, welches in der Conclusio Subject ist; die dritte Benennung heifst terminus medius. Die Prämisse, in der der terminus major gefunden wird, nennt man propositio major, die, welche den terminus minor enthält, propositio minor. (De corp. I, 4, 3, Bd. I, 60.)

Wenn der terminus medius nicht in beiden Prämissen enthalten ist und sich nicht auf denselben singulären Gegenstand bezieht, so folgt aus den Prämissen keine Conclusio und es entsteht kein Syllogismus. Daraus erhellt, dafs in jedem Syllogismus jener Satz, der den terminus medius als Subject enthält, universal oder singulär, nicht aber partikulär und nicht indefinit sein dürfe. (De corp I, 4, 4, Bd. I, 40.)

Aus zwei Prämissen, in denen beiden der terminus medius partikulär ist, entsteht kein Syllogismus. (De corp. I, 4, 5, Bd. I, 41.)[1])

Der Syllogismus ist, wie sich aus dem Vorausgehenden ergiebt, nichts als die aus zwei unter sich verbundenen Sätzen mittels des gemeinsamen Terminus gewonnene Summe. Der Syllogismus ist Addition dreier Worte, wie die Proposition Addition zweier Worte ist.[2])

Wie Arithmetik mit Zahlen, die Geometrie mit Linien, Figuren, Winkeln u. s. w. rechnet, so die Logiker in consequentiis verborum, addentes duo nomina ad faciendam propositionem et duas propositiones ad faciendum syllogismum, et plures syllogismos ad faciendam demonstrationem: et a summa sive conclusione syllogismi subtrahunt unam propositionem ad inveniendam alteram. (Lev. I, 5, Bd. III, 32.)

---

[1]) Ex duabus ergo praemissis, in quibus ambabus medius terminus est particularis, non fit syllogismus.

[2]) Manifestum autem est ex praecedentibus, syllogismum nihil aliud esse praeter collectionem summae, quae fit ex duabus propositionibus (per terminum communem, quem medium appellant) inter se conjunctis: et ita syllogismum esse additionem trium nominum, sicut propositio duorum. (De corp. I, 4, 6, Bd. I, 42.)

β. Die Figuren des Syllogismus.

Nach der verschiedenen Stellung des terminus medius werden verschiedene Figuren des Syllogismus unterschieden, und bei der einzelnen Figur wieder verschiedene Modi, je nach der Quantität und Qualität der Sätze. Als erste Figur zählt die, in der die Termini dem Umfange ihrer Bezeichnung gemäfs geordnet sind: terminus minor, medius und major. Diese Figur ist die figura directa. Sie wird nach Quantität und Qualität in vier Arten geteilt.

Erstens: Alle termini sind positiv und der terminus minor universal. Die Sätze des Syllogismus sind allgemeine und bejahende.

Zweitens: Der terminus major ist ein nomen negativum, terminus minor ein nomen universale; hier sind die propositio major und die conclusio negativ und universal.

Zu diesen beiden Arten kommen zwei andere hinzu dadurch, dafs der terminus minor particulär gemacht wird.

Es kann auch geschehen, dafs sowohl der terminus major als der terminus medius negativ sind. So entsteht eine andere Form, in der alle Sätze negativ sind und doch einen rechtmäfsigen Syllogismus bilden.[1]

Aber da es die Aufgabe der Philosophie ist, über die Eigenschaften der Dinge allgemeine Sätze aufzustellen und negativa sich von den affirmativa nur insofern unterscheiden, als sie nicht wie diese etwas Positives, sondern etwas Negatives vom Subject aussagen, ist es überflüssig, einen anderen modus der figura directa zu betrachten, als den, in welchem alle Sätze universal und affirmativ sind. (De corp. I, 4, 7, Bd. I, 44.)

---

[1] Potest quoque fieri, ut tam major, quam medius terminus nomen sit negativum; quod cum fit, oritur alius modus, in quo omnes propositiones negativae sunt, et tamen legitimus fiet syllogismus, ut si termini sint minor, homo medius, non lapis, major, non silex, syllogismus: nullus homo est lapis, quicquid non est lapis, non est silex, et si ex tribus constet negativis, est tamen legitimus. (De corp. I, 4, 7, Bd. I, 44.)

Hobbes bestritt also bereits die Gültigkeit des alten, auch heute noch in allgemeinem Ansehen stehenden Satzes: ex mere negativis nihil sequitur. Ueber den Schlufs aus zwei negativen Prämissen sagt H. Lotze (System der Philosophie, erster Teil, Logik S. 113):

„Allgemein behauptet endlich die Logik: aus zwei negativen Prämissen „gebe auch die dritte Figur keinen gültigen Schlufs. Dies ist irrig; es kann „mit Recht aus ihnen eine Folgerung gezogen werden, die ganz gleichartig und „an Wert völlig ebenbürtig mit denen ist, welche aus positiven oder gemischten „Sätzen fliefsen."

Der dem Syllogismus directus entsprechende Gedankenvorgang im Geiste ist folgender: Zuerst wird die Vorstellung eines benannten Dinges concipiert mit dem Accidenz, um dessen Willen es mit dem Worte benannt wird, das in der propositio minor Subject ist; dann kommt dem Geiste die Vorstellung des Gegenstandes mit seinem Accidenz, wegen dessen er mit dem Worte bezeichnet wird, das in derselben Proposition Prädikat ist. Drittens kehrt der Gedanke wieder zurück zu dem Gegenstand mit der Eigenschaft, dem er die Bezeichnung verdankt, die Prädikat der propositio major ist. Wenn der Schliefsende sich endlich erinnert, alle diese Eigenschaften gehören ein und demselben Dinge zu, folgert er, dafs jene drei Worte auch die Bezeichnung dieses Dinges seien, d. h., die Conclusio sei wahr. Daraus geht hervor, dafs die dem Syllogismus aus universalen Sätzen korrespondierende Gedankenthätigkeit nur den mit Sprache begabten Wesen möglich ist, da beim Schlufsverfahren nicht allein über den Gegenstand, sondern auch über Wechselbeziehungen der verschiedenen Benennungen eines Dinges gemäfs der verschiedenen Betrachtung desselben nachgedacht werden mufs. (De corp. 1, 4, 8, Bd. I, 45.)

Die übrigen Figuren des Syllogismus entstehen durch Verwandlung und Umkehrung der figura directa. Das geschieht durch Veränderung der propositio major oder minor oder beider in einen umgekehrten ihr gleichwertigen Satz.[1]

Wenn man die so entstandenen Figuren allein nach der möglichen Verschiedenheit der Stellung des terminus medius zählt, so ergeben sich drei.

Wenn jedoch die Figuren nach der Stellung der Worte überhaupt gezählt werden, so sind es vier Figuren, denn die erste kann wieder in zwei zerlegt werden, in directe und umgekehrte.

---

[1] Kant weist in seiner Schrift von der falschen Spitzfindigkeit der vier syllogistischen Figuren nach, dafs nur in der ersten Figur reine Vernunftschlüsse möglich seien, in den drei übrigen dagegen lediglich vermischte, d. h. solche, deren Schlufskraft erst durch ausdrücklich oder doch im Denken eingeschobene, durch Contraposition gewonnene Mittelsätze hergestellt würde, und die durch diese auf die erste Figur zurückzuführen seien. Er erklärt die logische Einteilung der vier syllogistischen Figuren für eine falsche Spitzfindigkeit, eine Athletik der Gelehrten, — die nur dazu nütze, in gelehrtem Wortwechsel Unbehutsamen den Rang abzulaufen, zum Vorteil der Wahrheit aber nicht viel beitrage.

Hobbes legt, wie aus der Darstellung hervorgeht, gleichfalls wenig Wert auf die syllogistischen Figuren mit Ausnahme der ersten, der figura directa.

Die Meinungsverschiedenheiten der Logiker über die vierte Figur ist darauf zurückzuführen. (De corp. I, 4, 9 und 11, Bd. I, 45 flg.) Wie bei nothwendig wahren Sätzen der kategorische und hypothetische Satz gleichwertig waren, so auch der kategorische und hypothetische Syllogismus. (De corp. I, 4, 13, Bd. I, 48.)[1]

d. Der Irrtum und die Täuschung.

Ein Kapitel (das fünfte seines Buches über den Körper) widmet Hobbes der Besprechung des Irrtums in Wahrnehmung und Denken, durch falschen Wortgebrauch und den Trugschlüssen der Sophisten.

Ein Irrtum durch Wahrnehmung liegt dann vor, wenn wir auf Grund einer gegenwärtigen Vorstellung zu einer unzutreffenden Annahme kommen, der Wahrnehmung eine falsche Deutung geben; ein Irrtum durch falschen Wortgebrauch, wenn wir einem Dinge einen ihm nicht zukommenden Namen beilegen. Dieser Art des Irrtums gebührt die Bezeichnung falsitas, sie entsteht nicht a sensu aut a rebus ipsis, sondern durch Unbedachtsamkeit im Sprechen. Denn die Worte entspringen nicht den Eigenschaften der Dinge, sondern sind durch einen Willensakt der Menschen festgesetzt. Daher wird der, welcher von den einmal gültigen Bezeichnungen abweicht, nicht von den Dingen oder der Wahrnehmung getäuscht, sondern aus eigener Nachlässigkeit kommt er zu einer falschen Aussage. Die Irrtümer, welche in Bejahung und Verneinung liegen (die falsitates propositionum), sind Mängel im Schliefsverfahren. Vor ihnen hat die Philosophie vorzüglich sich zu hüten. — Sie können in der Fehlerhaftigkeit der Prämissen oder des Schlusses begründet sein. Im ersten Fall sagt man, der Syllogismus fehle bezüglich der Materie, im anderen Falle, er fehle bezüglich der Form.

Da jeder Satz wahr ist, in dem zwei Bezeichnungen Eines Dinges verbunden werden, falsch dagegen, wenn Bezeichnungen verschiedener Dinge mit einander verknüpft sind, so kann es (als

---

[1] Es wäre nicht ganz ohne historisches Interesse, im Einzelnen nachzuweisen, wie Hobbes einerseits gegenüber dem verwickelten logischen Apparat der Scholastik auf Aristoteles zurück, andererseits über diesen hinausgeht, so bezüglich der Schlüsse aus negativen Sätzen und seiner Ansicht über den Wert der syllogistischen Figuren. Doch würde das die Abhandlung zu sehr anschwellen lassen und mufs einer besonderen Arbeit vorbehalten bleiben.

Prämissen) so viele Arten falscher Sätze geben, als es Arten falscher Verknüpfungen giebt. Vier Genera benannter Dinge existieren, nämlich Körper, Accidentien, Vorstellungen und Worte selbst. (Ebenso Lev. I, 4, Bd. III, 28). Durch Verknüpfung von je zwei Bezeichnungen verschiedener Gattung entstehen sieben Arten falscher Sätze.[1]) (Ähnlich Lev. I, 5, Bd. III, 35, wo jedoch nur sechs Arten falscher Sätze durch Verknüpfung verschiedener Gattung angehörender Namen genannt werden.)

Wenn aber auch Worte derselben Gattung mit einander verbunden werden, so läfst sich doch noch nicht immer sofort erkennen, ob die Sätze wahr sind. Es ist nötig, die Definition der Worte, und die Definition der in ihrer Definition vorkommenden Worte zu kennen, bis man durch fortgesetzte Auflösung zu dem nomen simplicissimum d. h. zu dem in der betreffenden Gattung universalsten Worte kommt; dieses durch ein von Definitionen beginnendes Schliefsverfahren zu finden, ist Aufgabe der Philosophie[2]), denn jeder Satz von allgemeiner Wahrheit ist entweder Definition, oder Teil einer Definition oder doch aus Definitionen zu beweisen. Der in der Form liegende Fehler des Syllogismus wird gefunden entweder in einer Verflechtung der Kopula mit einem anderen Worte oder in einem Gleichlaut der Worte, auf beide Weisen aber kommen vier Termini in dem Schlufs vor, was, wie gezeigt wurde, bei dem Syllogismus legitimus nicht der Fall sein kann.

Während der aus Verknüpfung der Kopula mit einem Terminus entspringende Irrtum leicht durch Auflösung in eine einfache Proposition aufzudecken ist, kann aus dem Gleichlaut von Worten schwerer zu beseitigende Täuschung erwachsen, z. B. in folgender Argumentation: Es gehört zur prima philosophia die Behandlung der Principien. Das erste aller Principien ist aber: Es kann nicht etwas zugleich sein und nicht sein; also gehört es zur Aufgabe der Philosophia prima, zu erörtern, ob etwas zugleich sein oder nicht sein könne.

Die Täuschung liegt hier in dem Gleichlaut „Principien". Nämlich, wo im Anfang gesagt wird, die Behandlung der Princi-

---

[1]) Die sieben Arten falscher Sätze im Einzelnen aufzuführen dürfte um so weniger erforderlich sein, als das für unser Thema Bemerkenswerte an anderer Stelle erörtert wurde.

[2]) Die philosophia prima hat die Aufgabe, die allgemeinsten Begriffe zu erklären, s. weiter unten, Wissenschaftssystem.

pien gehöre zur Philosophia prima, versteht Aristoteles unter Principien die Ursachen der Dinge, die entia prima; wo er dagegen sagt, jener erste Satz sei ein Principium, meint er Princip und Grund der Erkenntnis, d. i. Verständnis der Worte, ohne das Niemandem etwas gelehrt werden kann.

E. Rückblick und Überleitung.
Der Wert der Sprache für die Erkenntnis.

Der Wert der Sprache, um das zusammenfassend noch einmal hervorzuheben, für die Erwerbung von Erkenntnis besteht also zunächst darin, dafs sie uns in den Worten sinnlich wahrnehmbare Merkmale unserer Gedanken giebt, die wir willkürlich anwenden können. Dadurch sind wir in den Stand gesetzt, jederzeit eine beliebige, einmal erworbene Gedankenkette wieder in unser Gedächtnis zurückzurufen. Ferner können wir durch die willkürliche Verknüpfung von Worten eine entsprechende Gedankenreihe in uns hervorrufen. Die Sprache hat unsere Gedanken zu unserem Eigentum gemacht. Indem sie uns ermöglichte, mit den Worten als Merkmalen unserer Gedanken und Vorstellungen zu rechnen, erwarb sie uns die Fähigkeit zu schliefsen, die Vernunft. Durch die Sprache endlich, meint Hobbes, sind wir auch im Stande, eine einmal gemachte Erfahrung zu verallgemeinern, allgemeine Sätze aufzustellen. Hobbes erläutert das an einem Beispiel: Ein Mensch, der der Sprache entbehrt, ein Taubstummgeborener, würde durch erwägende und vergleichende Betrachtung dennoch herausfinden können, dafs die Winkel eines ihm vorgelegten Dreiecks gleich zwei Rechten seien. Der Sprachbegabte würde dagegen, wenn er bemerkte, dafs jene Gleichheit eine beständige und nicht von besonderen Eigentümlichkeiten des grade vorliegenden Dreiecks abhängige sei, bestimmt und allgemein erklären: Die drei Winkel eines Dreiecks sind gleich zwei Rechten. —

Atque hoc modo consequentia inventa in re singulari conscribitur ad memoriam ut regula universalis, computationemque mentalem omni loci et temporis consideratione exonerat: atque animum omni labore liberat praeter primum; facitque ut, quod verum inventum est hic et nunc, pro vero omni alio tempore et loco agnoscatur. (Lev. I, 4, Bd. III, 25, ferner: De corp. I, 6, 11, Bd. I, 70. — De hom. Sect. II, 10, 3, Bd. II, 91.) — So hat der Mensch durch die Sprache auch den Vorzug vor den Tieren erlangt, dafs er allgemein geltende Regeln und Sätze aufstellen kann. Freilich vermag ihn, wie wir sahen, der Wortgebrauch auch zu mancherlei Irrtümern zu führen, die dem Tiere fremd bleiben. Bei einem Schlufsfolgern mit universalen Worten führt ein falscher Wortgebrauch nicht nur zum Irrtum, sondern zur Absurdität d. h. zur oratio insignificans. (Lev. I, 5, Bd. III, 34.) Auch die Absurdität ist mithin ein Privileg des Menschen. Endlich kann der Mensch durch die Sprache verleitet werden auch andere zu täuschen. Itaque oratione homo non melior fit, sed potentior. (De hom. Sect. II, 10, 3, Bd. II, 92.) —

Aber eine klare, durch richtige Definitionen geläuterte und von zweifelhaften Ausdrücken gereinigte Sprache ist das Licht des Menschengeistes. Der Vernunftschlufs ist der Schritt, die Methode, der Weg zur Wissenschaft. (Lev. I, 5, Bd. III, 38. De corp. I, 5, 13, Bd. I, 57.)

Die Methode zur Darstellung zu bringen, ist die nächste Aufgabe.

F. Logik II. Die Methode.

1. Methodus inveniendi.

a. Begriff und Aufgabe der Methode.

Wir haben Erkenntnis einer Erscheinung dann, wenn wir wissen, was ihre Ursachen sind, worin sie sind, auf welchen Gegenstand sie wirken und wie das geschieht.[1]

Auf diese Fragen durch ein richtiges Schlufsverfahren die Antwort zu finden, ist Sache der Wissenschaft. Die Wissenschaft soll uns also Erkenntnis über das Warum der Dinge (s. S. 40) und somit über den Zusammenhang der Erscheinungen geben. Die damit gestellte Forderung enthält eine doppelte Aufgabe: Der Zusammenhang der Dinge kann bezüglich folgender oder vorangegangener Erscheinungen nachzuweisen sein, es kann von einer bekannten Ursache aus die Wirkung oder zu einer bekannten Erscheinung die Ursache gesucht werden.

Hobbes definiert demgemäfs: Philosphia est effectuum sive phaenomenon ex conceptis eorum causis seu generationibus et

---

[1] Scire autem aliquem effectum tunc dicimur, cum et causas ejus quod sunt, et in quod subjectum effectum introducunt, et quomodo id faciunt, cognoscimus. (De corp. I, 6, 1, Bd. I, 59.)

rursus generationum, quae esse possunt, ex cognitis effectibus per rectam ratiocinationem acquisita cognitio. (De corp. I, 1, 2, Bd. I, 2, ferner: I, 6, 1, Bd. I, 58. — IV, 25, 1, Bd. I, 315. — Lev. IV, 46, Bd. III, 490. Exam et Em. math. hod. Dial. I, Bd. IV, 26.)

b. Analytische und synthetische Methode.

Die Methode der Philosophie soll der kürzeste Weg sein zur Auffindung von Wirkungen durch ihre bekannten Ursachen oder von Ursachen durch die bekannten Wirkungen, und zwar soll die Philosophie ihre Erkenntnisse durch richtige Schlufsfolgerung gewinnen. Schlufsfolgern ist, wie gezeigt wurde (S. 39) ein Zusammensetzen und Teilen oder Auflösen. Daher wird jede Methode, die die Gründe der Dinge sucht, entweder zusammensetzend, synthetisch oder auflösend, analytisch oder teils synthetisch, teils analytisch sein. (De corp. I, 6, 1, Bd. I, 59.)

c. Der Ausgangspunkt für die Methode.

Allen Methoden gemeinsam ist, dafs vom Bekannten zum Unbekannten fortgeschritten wird. Bei den sinnlichen Wahrnehmungen, die, wie anfangs (S. 33 flgd.) erklärt, Hobbes als principia scientiae omnium prima gelten, ist die ganze Erscheinung das zuerst Bekannte, darauf erst wird jeder einzelne Teil bekannt. Unter Teil ist hier nicht Teil des Dinges, sondern Teil der Wesenheit des Gegenstandes zu verstehen. Wenn wir z. B. einen Menschen sehen, so ist uns die ganze Idee „Mensch" eher gegenwärtig als die Teilvorstellungen „gestaltet", „belebt", „vernunftbegabt". Dagegen sind bei der cognitio τοῦ διότι sive causarum, also in den Wissenschaften, die Teilursachen früher bekannt als die Ursache der ganzen Erscheinung. Denn es setzt sich die Ursache des Ganzen aus den Teilursachen zusammen. Weiter sind uns die singularia, die Dinge, die einen weniger universalen Namen führen, früher bekannt als die universalia; diese müssen wir erst durch Schlufsfolgerung gewinnen. (De corp. I, 6, 2, Bd. I, 59 u. 60).

d. Die Methode, um Wissen im allgemeinen zu erlangen.

Wenn es sich nun darum handelt, einfach Wissenschaft zu erwerben, Erkenntnis der Ursachen möglichst aller Dinge, so ist es nötig, da die causae singularium aus den causis universalium sive simplicium zusammengesetzt sind, zunächst die Ursachen der universalia, der Accidentien, die allen Körpern, der gesammten Materie zukommen, kennen zu lernen, bevor man sich mit den Ursachen der singularia beschäftigt, der Accidentien, die einen Gegenstand von dem anderen unterscheiden. Ehe man wiederum zur Erkenntnis der Ursachen der universalia kommen kann, muſs man die Universalien selbst kennen. Die universalia aber sind in der Wesenheit der singularia enthalten und durch Auflösung aus ihr zu entwickeln. Hat man die Vorstellung z. B. eines Vierecks, so lassen sich durch Analyse die Universalien: Linie, ebene Figur, begrenzt, Winkel, Rechtseitigkeit und Gleichheit daraus gewinnen. So lernen wir durch fortgesetztes Auflösen immer anderer Begriffe das kennen, dessen Ursachen die Ursachen der Einzeldinge zusammensetzen. Die Methode, die allgemeinen Begriffe der Dinge zu finden, ist also eine rein analytische.[1])

Die Ursachen der universalia, soweit sie überhaupt solche haben, sind an sich bekannt, so daſs es, um sie zu finden, keiner Methode bedarf. Nämlich die universale Ursache aller Erscheinungen ist die Bewegung.[2])

Die Verschiedenheit aller Figuren entsteht aus der Verschiedenheit der Bewegungen, durch die sie konstruiert werden, und Bewegung kann keine andere Ursache haben als andere Bewegung. Die Mannigfaltigkeit der sinnlich wahrgenommenen Dinge, ihre Farben, ihre Töne, haben keine andere Ursache als die Bewegung, die teils in den Objecten wirkt, teils in dem Empfindenden selbst sich birgt.

Durch welche Bewegung nun eine Erscheinung hervorgebracht wird, kann nur durch Schluſsfolgerung erkannt werden; daſs sie aber überhaupt durch Bewegung erzeugt ist, steht fest. (De corp. I, 6, 5, Bd. I, 62.)

[1]) Atque eodem modo alia atque alia resolvendo, cognitum erit quaenam ea sunt, quorum causis sigillatim cognitis et compositis, cognoscuntur causae rerum singularium. Concludemus itaque methodum investigandi notiones rerum universales, esse pure analyticam. (De corp. I, 6, 2 u. 1. Bd. I, 59 f.)

[2]) Causae autem universalium (eorum quorum causae aliquae omnino sunt) manifestae sunt per se sive naturae (ut dicunt) nota; ita ut nulla omnino methodo indigeant; causa enim eorum omnium universalis una est motus. (De corp. I, 6, 5. Bd. I, 62.)

Die erste Grundlage für die Erkenntnis des Warum haben wir gewonnen: wir kennen die Universalien und ihre Ursachen. Wir sind damit erstens im Besitze ihrer Definitionen, die nichts weiter sind, als Erklärungen unserer einfachsten Gedanken.[1]) Wer z. B. Ort richtig versteht, dem muſs die folgende Definition bekannt sein: Ort ist der Raum, welcher von einem adäquaten Körper ausgefüllt und besetzt wird; oder, wer weiſs, was Bewegung heiſst, muſs wissen, daſs Bewegung Verlassen eines Ortes und Besitznahme eines anderen ist.

Ferner haben wir die Enstehungsweisen der Universalien, wie z. B. eine Linie entsteht aus der Bewegung des Punktes, aus der Bewegung der Linie eine Fläche. — Es bleibt übrig zu untersuchen, welche Bewegungen wie beschaffene Wirkungen verursachen, welche Bewegung eine gerade Linie, welche einen Kreis erzeugt u. s. w. Die Methode dieser Untersuchungen ist eine compositive; sie fällt den einzelnen Teilen der Philosophie zu und wird bei der Besprechung des Wissenschaftssystems zu erörtern sein. (De corp. I, 6, 6, Bd. I, 65.)

Aus dem Gesagten wird klar, daſs die Methode der Philosophie, wenn schlechthin Wissen gesucht wird, eine teils analytische, teils synthetische ist; nämlich von den Sinneswahrnehmungen bis zur Auffindung der Principien analytisch, im Übrigen synthetisch.[2])

e. Die Methoden, um eine bestimmte Aufgabe zu lösen.

α. Es soll erkannt werden, ob ein bestimmtes Etwas Materie oder Accidenz sei.

Liegt dagegen eine bestimmte Frage zur Beantwortung vor, so ist die Methode bald synthetisch, bald analytisch. — Handelt es sich darum, zu erkennen, ob ein bestimmtes Etwas Materie und Körper oder ob es Accidenz sei, so muſs man die

---

[1]) Cognitis igitur universalibus et eorum causis (quae sunt cognitionis τοῦ διότι principia prima) habemus primo eorum definitiones, quae nihil aliud sunt quam conceptuum nostrorum simplicissimorum explicationes. (De corp. I, 6, 0, Bd. I, 65.)

[2]) Jam ex iis, quae diximus, manifestum est methodum philosophandi iis, qui simpliciter scientiam quaerunt, nulla certa quaestione proposita, partim analyticam, partim syntheticam esse, nimirum a sensibus ad inventionem principiorum, analyticam esse, caetera syntheticam. (De corp. I, 6, 7, Bd. I, 66.)

von den Definitionen aus auf synthetischem Wege gefundenen Eigenschaften von Materie und Accidenz mit dem in Frage kommenden Begriff selbst vergleichen. Durch die Übereinstimmung mit dem einen oder anderen wird die Frage beantwortet. Hier ist die Methode synthetisch. (De corp. I, 6, 8, Bd. I, 66.)

β. Es soll untersucht werden, welchem Gegenstand ein bestimmtes Accidenz zukommt.

Soll untersucht werden, welchem Gegenstand ein Accidenz zukommt, so wird eine Teilung der gesamten Materie vorgenommen, z. B. in Object, Medium, und den Wahrnehmenden selbst oder in einer anderen dem Gegenstand entsprechenden Weise. Darauf werden die einzelnen Teile nach der Definition ihres Gegenstandes ausgesondert und das, was nicht in den Umfang jenes fraglichen Accidenz fällt, ausgeschieden. Diese Methode ist bis zur Teilung der in Betracht kommenden Materie analytisch, dann synthetisch. (De corp. I, 6, 9, Bd. I, 67.)

γ. Die Ursache einer bestimmten Erscheinung ist zu suchen.

Ist die Ursache einer bestimmten Erscheinung zu suchen, (also der zweite in der Definition von Philosophie genannte Weg einzuschlagen), so muſs man sich zunächst vergegenwärtigen, was eigentlich in dem vollen Begriffe der Ursache enthalten ist. Ursache ist die Summe oder das Aggregat aller Accidentien, sowohl der im Agens als im Patiens auf den bestimmten Effect hinwirkenden, deren Zusammenbestehen nicht gedacht werden kann, ohne daſs die Wirkung einträte, oder, von denen das Fehlen eines unter ihnen das Eintreten der Wirkung unmöglich macht. — Hat man sich nun erinnert, was Ursache ist, so muſs ein jeder den Effect begleitende Umstand einzeln geprüft werden darauf, ob der Effect ohne ihn gedacht werden könnte. So werden die zu dem Effect beitragende Umstände von den nicht mitwirkenden geschieden. Dann ist zu erwägen, ob bei dem Zugleichbestehen der wirkenden Umstände dennoch denkbar wäre, daſs die Wirkung nicht einträte. Ist das nicht der Fall, so ist jenes Aggregat die causa integra der bestimmten Erscheinung.

Soll z. B. die Ursache des Lichtes gefunden werden, so betrachten wir zunächst die äufseren Umstände. Wir finden, dafs so oft Licht scheint, irgend ein Gegenstand vorhanden ist, von dem das Licht ausgeht; es gehört also zur Erzeugung von Licht zuerst ein Gegenstand als Lichtquelle. Darauf betrachten wir das Medium und wir finden, dafs, wenn es nicht durchsichtig ist, auch bei unverändertem Bestande der Lichtquelle keine Lichterscheinung zu Stande kommt; es bedarf zur Erzeugung des Lichtes der Durchsichtigkeit des Mediums. Drittens beobachten wir den das Licht Sehenden und bemerken, dafs bei ihm eine zur Aufnahme äufserer Eindrücke passende Disposition vorhanden sein mufs. Aufser allen diesen Dingen, die zum Zustandekommen des Lichtes nötig sind, darf aber eine bestimmte Art von Bewegung nicht fehlen, da sich ohne Bewegung das Bestehen der Erscheinung nicht denken läfst. Daraus erklärt sich auch die Bedeutung des Mediums für die Lichterscheinung, es ist nämlich der Vermittler der Bewegung von der Lichtquelle bis dahin, wo die Erscheinung erzeugt wird.

Aus dem ist klar geworden, dafs bei der Auffindung der Ursachen analytische Methode angewandt werden mufs, um die einzelnen zum Effect beitragenden Umstände zu verstehen; synthetisch dagegen, um die einzelnen Ursachen zu einer Gesamtursache zusammen zu fassen.[1])

2. Methodus demonstrandi.

a. Begriff und Aufgabe der Beweisführung.

Während uns beim Suchen der Erkenntnis die Worte als Merkmale für unsere Erinnerung, als notae dienten, werden sie bei der Beweisführung als signa gebraucht. (De corp. I, 6, 11, Bd. I, 70.) Da beweisen oder lehren nichts anderes ist, als auf den Weg, auf dem wir selbst Erkenntnis fanden, den Geist eines anderen zu eben der gefundenen Erkenntnis führen, so wird die methodus demonstrandi dieselbe sein, wie die methodus inveniendi, nur wird der erste Teil, der von der Sinneswahrnehmung zur

---

[1]) Interea manifestum est, quod in causarum investigatione partim methodo analytica, partim synthetica opus est. Analytica ad effectus circumstantias sigillatim concipiendas, synthetica ad ea, quae singulae per se efficiunt in unum componenda. (De corp. I, 6, 10, Bd. I, 70.)

Feststellung der universalia führte, hier fortzulassen sein. Da jene nämlich Principien sind, so können sie nicht bewiesen werden und, da sie notae naturae sind, bedürfen sie zwar der Erklärung, nicht aber des Beweises.

b. Die Methode der Beweisführung ist synthetisch.

Deshalb wird die ganze Beweismethode eine synthetische sein; sie beginnt mit den ersten und allgemeinsten Sätzen, die an sich verständlich sind, durch beständige Zusammensetzung von Sätzen zu Schlüssen schreitet sie fort, bis der Hörer die Wahrheit der gesuchten Conclusio eingesehen hat.[1])

c. Der Ausgangspunkt für das Beweisverfahren, die Definitionen.

α. Die Arten der Definitionen.

Es wurde bereits erwähnt (S. 48), dafs die propositiones primae et universales, mit denen das Beweisverfahren beginnt, Definitionen seien, d. h. Begriffserklärungen, die ihre Gültigkeit der Uebereinstimmung der Menschen verdanken. Solcher Definitionen giebt es zwei Arten: einmal Definitionen von Worten, die Gegenstände bezeichnen, bei denen wir eine Ursache nicht einsehen können, wie Körper, Materie, Quantität, Bewegung im Allgemeinen und das überhaupt, was jeder Materie zukommt; zweitens Definitionen, deren Worte Gegenstände bezeichnen, von denen wir Ursachen erkennen können, wie eine bestimmte Art von Körpern, Bewegungen einer besonderen Art und Ausdehnung, eine einzelne Figur u. a. m., wodurch ein Körper von dem anderen unterschieden werden kann. . Die Worte erster Art werden genügend definiert durch eine möglichst kurze, klare und erschöpfende Erklärung ihres Begriffsinhaltes. Dagegen erfordert die Definition der Dinge, deren Ursachen für uns erkennbar sind, die Angabe eben dieser Ursachen oder Entstehungsweisen. — Der Zweck des Beweisverfahrens ist, Erkenntnis der Ursachen und Entstehungsarten der Dinge zu geben; sind die nicht in der Definition ent-

---

[1]) Tota igitur demonstrandi methodos synthetica est, consistens in orationis ordine incipientis a propositionibus primis sive universalissimis per se intellectis, et per propositionum in syllogismos perpetuam compositionem procedentis, donec a discente intellecta est conclusionis quaesitae veritas. (De corp. I, 6, 12, Bd. I, 71.)

halten, so können sie nicht in die Conclusio des ersten Satzes, und wenn sie nicht in der ersten Conclusio gefunden werden, überhaupt nicht in das Beweisverfahren hinein kommen.

Da aber Wissen um die Gründe Wissen ist, so erwächst aus Definitionen, die nicht die Ursachen des Definierten enthalten, keine Erkenntnis. (De corp. I, 6, 13, Bd. I, 73.)[1]

β. Die Definition eines nomen compositum und nomen simplex.

Ihrer Natur nach muſs die Definition, da sie im Hörer die Vorstellung des Definierten erwecken soll, eine Erklärung durch Rede sein. Handelt es sich um ein nomen compositum, so kann die Definition nur in der Auflösung in die universaleren Teile bestehen. Die Definition von homo wäre: homo est corpus animatum sentiens rationale. Die Worte corpus animatum u. s. w. sind die Teile des ganzen Wortes homo. Definitionen dieser Art bestehen immer aus Worten, welche die Gattung angeben und einem, dem letzten (s. im Lateinischen) welches die unterscheidende Eigenschaft nennt. Bei einem nomen universalissimum können sie daher nicht angewandt werden, sondern hier muſs man sich mit einer Beschreibung begnügen. — Es kommt aber oft vor, daſs Genus und Differentia verbunden sind, ohne daſs sie eine Definition bilden. So enthalten die Worte linea recta, Genus und Differenz, eine Definition sind sie nicht; wenn man nicht definieren will linea recta est linea recta. Sie wären die Definition eines Wortes, das beide umfaſst, wenn es eins gäbe.

Wo eine andere Definition nicht möglich, kann auch Erläuterung mittels Beispiel eintreten. (De corp. I, 6, 14, Bd. I, 73 u. 74.)

---

[1]) Ergo principium scientiae est cognitio causae. — Sequitur ergo cognitionem causae contineri debere in definitione. — Itaque optimi definimus illi, qui generationem rei in definitione explicant. (Exam et Em. m. hod. Bd. IV, 87.)

Sunt autem definitiones duorum generum: quorum alterum rei naturam nude indicat, alterum etiam causam sive modum generationis explicat. Haec autem definitiones sunt ad scientiam promovendam utilissimae, quae causas definiti et modum generandi continent. Verum enim est illud Aristotelis, scire est per causam scire. Caeterae, quae solum modo declarant definiti essentiam, minus faecundae fere sunt: nihil enim ex illis sequitur, quod non antea in ipsis continebatur: neque refert utrum proprietates illarum appellentur definitiones, an definitiones proprietates nominentur. (Princ. et Problem. Cap. I, Bd. V, 156.)

γ. Die Definition der Definition.

Definitio ergo definitionis accurrata erit haec: Definitio est propositio, cujus praedicatum est subjecti resolutivum, ubi fieri potest, ubi non potest exemplificativum. (Exam. et Em. math. hod. Bd. IV, 38). Doch dürfte eine Definition letzter Art als Grundlage für ein Beweisverfahren nicht in Betracht kommen.

d. Die Gültigkeit des Beweises.

Zwei Definitionen, welche in einem Syllogismus vereinigt werden, führen eine Conclusio herbei, die, weil sie von Definitionen abgeleitet, als bewiesen gilt. Die Ableitung oder Zusammenfügung selbst wird Beweis genannt. Wenn von zwei Sätzen einer eine Definition ist, der andere bewiesener Schlufs oder beide aus Definitionen bewiesene Folgerungen sind, wird der aus ihnen zusammengesetzte Syllogismus ebenfalls Beweis genannt.

Hobbes definiert daher: Demonstratio est syllogismus vel syllogismorum series a nominum definitionibus usque ad conclusionem ultimam derivata.

Daraus folgt, dafs jede rechtmäfsige Schlufsfolgerung, die mit wahren Grundsätzen beginnt, eine wissenschaftliche und wahre Beweisführung ist. (De corp. I, 6, 16, Bd. I, 76.)

e. Regeln für das Beweisverfahren.

Bei dem Beweisverfahren ist zu beobachten, erstens: dafs die ganze Reihe der Folgerungen eine rechtmäfsige, d. h. den oben (S. 50 flgd.) angeführten Gesetzen über den Syllogismus entsprechende ist; zweitens: dafs die Prämissen der einzelnen Syllogismen bis hinab zu den ersten Definitionen bewiesen sind und drittens: dafs nach den Definitionen dieselbe Methode angewandt werde, durch die der Beweisende zu seinen Erkenntnissen gelangt war. (De corp. I, 6, 17, Bd. I, 77.)

Bei der Beweisführung warnt Hobbes davor, eine Erläuterung der zu beweisenden Conclusio zum Ausgangspunkt des Verfahrens zu machen, da man sich auf die Weise im Kreise bewege, oder sich durch Annahme falscher Ursachen täuschen zu lassen. (De corp. I, 6, 18, Bd. I, 78.)

Die sogenannte methodus logistica, welche irgend etwas als wahr voraussetzt und auf Grund dessen zu bisher Unbekanntem gelangt, durch das sich die Richtigkeit der Annahme nachweisen läfst, oder zu etwas Unmöglichem führt und so zeigt, dafs das Vorausgesetzte falsch gewesen, diese Methode, meint Hobbes, wäre nur in der Geometrie bekannt und geübt. Er glaubt daher, ihr an dieser Stelle eine weitere Besprechung nicht zugestehen zu sollen. (De corp. I, 6, 19. Bd. I, 79.)

G. Das Ergebnis der Erkenntnislehre Hobbes.
a. Der synthetische und analytische Erkenntnisweg und ihr Wert für die Erlangung von Erkenntnis.

Hobbes lehrt also nach dem eben Ausgeführten: Die Wissenschaft kann ihre Erkenntnis auf zwei Wegen gewinnen, sie kann vom Allgemeinen, den Ursachen, zu den Einzelerscheinungen fortschreiten, also einen deduktiven, oder, um mich des Ausdruckes Hobbes zu bedienen, synthetischen Weg einschlagen oder umgekehrt kann sie von den Erscheinungen ausgehend die Ursachen zu ergründen suchen, also induktiv oder wie Hobbes sagt, analytisch verfahren.

Für die Deduktion mufs jedoch erst eine Grundlage geschaffen werden durch Analyse, nicht der einzelnen Erscheinungen, sondern ihrer Begriffe, ihrer Definitionen, die nichts anderes sind als eine Erklärung unserer durch die Sinne erworbenen Vorstellungen von den Dingen. Durch Analyse immer anderer Begriffe erhalten wir das allen Dingen Gemeinsame, die Universalien. Die Ursache der Universalien, so weit sie eine Ursache haben, ist die Bewegung. Wir bedürfen, um das zu erkennen keiner Methode, da diese Erkenntnis eine per se feststehende ist. Damit sind die Grundlagen für das deduktive, synthetische Methode anwendende Verfahren gefunden, nämlich die Definitionen der Universalien und Erkenntnis ihrer Ursache.

Ihre Gültigkeit haben die Definitionen durch die Uebereinstimmung der Menschen, also durch einen Willensakt erhalten.

Wie aber die Erkenntnis einer Erscheinung, Wirkung oder Eigenschaft aus der Erkenntnis der Ursache oder Entstehungsweise abgeleitet werden kann, erläutert Hobbes am Beispiel des Kreises: Vor uns liegt eine runde kreisförmige Figur, die sich jedoch durch blofse Sinneswahrnehmung nicht als Kreis feststellen läfst, wenn ich aber ihre Entstehungsweise kenne, wenn ich weifs, dafs sie durch Umdrehung eines in einem Punkt festgelegten Körpers erzeugt wurde, so schliefse ich, dafs alle Radien der Figur gleich lang, dafs alle Punkte der Peripherie dem Mittelpunkte gleich fern sind, dass die Figur ein Kreis ist. (De corp. I, 1, 5, Bd. I, 5.)

Für die Induktion gebrauchen wir eine Grundlage nicht erst zu suchen, sie ist uns in den Erscheinungen der Aufsenwelt gegeben. Die einzelne sinnliche Wahrnehmung bietet hier den Ausgangspunkt des Verfahrens, das im Einzelnen teils analytische, teils synthetische Methode anwendet. (s. S. 61 u. 62.)

Hobbes hält aber beide wissenschaftlichen Wege durchaus nicht für gleichwertig. Nur der erste, von Definitionen ausgehende, gibt sichere Erkenntnis, nur die auf ihm gewonnene Erkenntnis läfst sich beweisen im strengen Sinne des Wortes. Der induktive Weg dagegen gibt uns für die Erscheinungen nur die möglichen Ursachen, er lehrt uns kennen wie ein Ding, zwar nicht entstanden ist, sondern entstanden sein kann. Denn die Grundlagen dieses Verfahrens hängen nicht von uns ab, sie können nicht, wie die Definitionen als allgemein geltende Sätze verkündet werden, sondern sind uns von der Natur gegeben, und daher erteilen sie den von ihnen abgeleiteten Sätzen keine Notwendigkeit, sondern lassen Erkenntnis nur der Möglichkeit der Entstehungsart eines Dinges zu. Der Zweig der Philosophie, welcher diese Methode anwendet, ist die Physik d. h. scientia causarum naturalium sive de naturae phaenomenis. (De corp. IV, 25, 1, Bd. I, 316.)

Wenn aber auch der analytische, induktive Weg für eigentliches Beweisverfahren nicht gelten kann d. h., wenn auch die von der Erscheinung ausgehende Beweisführung, die demonstratio τοῦ ὅτι eigentlich gar keine Demonstration ist, da sie nicht, wie die Deduktion von notwendig Wahrem ausgeht, so gibt sie doch Kenntnisse, bei denen sich unser Geist beruhigen kann.[1] —

---

[1] Dicendum ergo est, duplici philosophorum inquisitioni, nimirum effectuum ex causis et causarum ex effectibus, duplex respondere ratiocinationis genus, nempe priori demonstrationem, id est, ratiocinationem ex definitionibus, quae est scientifica, posteriori ratiocinationem ex hypothesibus possibilibus; quae etsi scientifica non sit, si tamen nullus appareat effectus, ne in longissimo quidem tempore, quae hypothesin redarguat, facit, ut animus in ea tandem acquiescat, non minus quam in scientia. Frustra autem demonstrationis τοῦ ὅτι quaerimus definitionem, quae demonstratio non est. (Exam. et Em. math. hod. Dial. I, Bd. IV, 39).

b. Hobbes Ansicht in De homine und im Leviathan über den Umfang möglicher Erkenntnis.

In seinem Buche De homine (Sect. II, 10, 11, Bd. II, 92) kommt Hobbes zu dem Schlufs, dafs wissenschaftliche, durch Beweisführung a priori gesicherte Erkenntnis den Menschen nur erreichbar sei für Dinge, deren Herstellung in ihrer Macht liege. Unter Wissenschaft versteht man die Wahrheit der Theoremata, der allgemeinen Sätze und der Folgerungen. Wenn es sich um die Wahrheit von Thatsachen handelt, spricht man nicht von Wissenschaft, sondern einfach von Kenntnis. Die Wissenschaft, durch die wir wissen, dafs ein bestimmter Lehrsatz wahr sei, ist durch richtige Schlufsfolgerung aus den Ursachen oder der Entstehungsweise des Gegenstandes abgeleitete Erkenntnis. Dagegen das, wodurch wir wissen, ein Theorema tale sei nur möglicherweise wahr, ist Erkenntnis durch rechtmäfsige Schlufsfolgerung von der Erfahrung der Wirkungen abgeleitet. Itaque earum tantum rerum scientia per demonstrationem illam a priore hominibus concessa est, quarum generatio dependet ab ipsorum hominum arbitrio. Deshalb ist die Geometrie, in der die Construction der Figuren von unserem Willen abhängt, a priori zu demonstrieren. Dagegen können wir die Eigenschaften der natürlichen Dinge nicht von den Ursachen ableiten, weil die Ursachen hier nicht von unserem, sondern vom göttlichen Willen abhängen und der gröfste Teil der Ursachen, nämlich der Aether, nicht sichtbar ist. Von den sichtbaren Eigenschaften jedoch können wir durch Ableitung demonstrieren, welche Ursachen sie gehabt haben können. Das ist die demonstratio a posteriore, und die Wissenschaft, die sich dieses Verfahrens bedient, ist die Physik. (De hom. Sect. II, 10, 5, Bd. II, 92).

Im Leviathan endlich leugnet Hobbes überhaupt, dafs es möglich sei, durch Denken zu unbedingt sicherem Wissen zu gelangen. Wahrnehmung und Erinnerung gäben Kenntnis von Thatsachen, Wissenschaft dagegen enthalte nur bedingte Erkenntnisse; nie könne man durch Denken zu der Gewifsheit kommen, dafs etwas ist, war oder sein wird,[1] sondern nur zu dem Schlufs, wenn dies oder jenes ist, so ist auch das. Und zwar giebt die Wissenschaft Erkenntnisse, nicht der Beziehungen der

---

[1] Vergleiche Hume.

Dinge untereinander, sondern der Beziehungen eines Wortes zu einem Worte.[1])

Wie die Definitionen, die Grundlagen der Wissenschaft, so haben auch die Vernunftschlüsse ihre Gewifsheit der Übereinstimmung vieler zu danken. Entsteht nun Meinungsverschiedenheit über Schlufsfolgerungen, so ist dieser wissenschaftliche Streit nur durch den Schiedsspruch eines Dritten, dem sich die Streitenden freiwillig unterwerfen, oder durch Waffengewalt zu entscheiden (Lev. I, 5, Bd. III, 33.)

H. Das System der Wissenschaften.

a. In De corpore und De cive.

In engem Zusammenhang mit seiner Lehre vom Erkennen steht Hobbes System der Wissenschaften.

Obwohl er die sinnliche Wahrnehmung als letzte Quelle aller Erkenntnis bezeichnet, schliefst er (gemäfs der Definition von Philosophie, S. 57) sie selber, wie Erinnerung, Erfahrung und Klugheit von der Wissenschaft aus, da sie keine durch Schlufsfolgerung gewonnene Erkenntnis geben. (De corp. I, 1, 2, Bd. I, 2 u. 3.) Ferner werden die Geschichtsschreibung und Naturgeschichte, soweit sie Naturbeschreibung ist, ausgeschlossen. Wenn sie auch sehr nützliche Kenntnisse sind, beruhen sie doch auf Erfahrung oder Autoritätsglauben und nicht auf Schlufsfolgerung. (De corp. I, 1, 8, Bd. I, 9.)

Aus der Definition der Philosophie, deren Amt es ist, die Eigenschaften aus der Entstehungsweise oder die Entstehungsweise aus den Eigenschaften zu folgern, ergiebt sich, dafs Gegenstand der Wifsenschaft nur dasjenige sein kann, bei dem eine Entstehungsweise überhaupt sich erkennen läfst, bei dem Zusammensetzung und Auflösung stattfinden kann. Dinge, bei denen das nicht der Fall ist, können

---

[1]) Nemo per discursum scire potest hoc vel illud esse, fuisse, vel futurum esse; id quod est perfecte scire: sed tantum, si hoc sit, tum illud est; si hoc fuit, tum fuit illud; si hoc erit, tum illud erit; id quod est scire conditonaliter; et scire non rei ad rem, sed nominis ad nomen consequentiam. — Atque haec scientia est cognitio consequentiarum unius verbi ad aliud. (Lev. I, 7, Bd. III, 51.)

An anderer Stelle im Leviathan heifst es dagegen: Sensus et memoria facti tantum cognitio est; scientia autem cognitio est consequentiarum unius facti ad alterum. (Lev. I, 5, Bd. III, 37.)

also auch nicht Gegenstand der Wissenschaft sein. Daher wird die Theologie ausgeschlossen, die Lehre von der Natur und den Attributen Gottes, die Lehre von den Engeln und allen jenen nicht körperlichen Wesen. Es wird jede aus göttlicher Offenbarung oder Inspiration entwickelte Lehre ausgeschlossen und endlich jede nicht gut fundierte, nicht streng auf wissenschaftlicher Grundlage ruhende Lehre, wie die vom Kultus des Gottesdienstes und die Astrologie. (De corp. I, 1, 8, Bd. I, 10.)

Hierher gehört auch die Frage nach der Gröfse und dem Ursprung der Welt, deren Beantwortung den Theologen zufällt. (De corp. IV, 26, 1, Bd. I, 336.)

Die Gesammtwissenschaft der Philosophie läfst sich in drei Hauptteile zerlegen: in den Teil, der sich mit den Entstehungsweisen oder Eigenschaften von der Natur geschaffener Dinge zu befassen hat, er wird philosophia naturalis genannt; zweitens in den Teil, der von der Seelenthätigkeit und der Sitte der Menschen handelt, die Ethica, und drittens in den Teil, der sich mit den Rechten und Pflichten der Menschen als Bürger beschäftigt, ihn nennt man philosophia civilis oder Politica. (De corp. I, 1, 9, Bd. I, 10.)

In der epistola dedicatoria zu De cive wird die ganze Philosophie in Geometria, Physica und Moralis eingeteilt, der Hobbes durch sein Buch über den Bürger noch die Politik zufügt. Hier tritt uns das System am wenigsten ausgebildet entgegen.

Die Philosophia naturalis zerfällt in vier Zweigwissenschaften, nämlich in philosophia prima, geometria, de motu, physica.

Die Philosophie soll, wie wir sahen (S. 63 flg.), von den Definitionen der Universalien ausgehen. Die Wissenschaft, welche diese Definitionen giebt, ist die philosophia prima. (De corp. I, 6, 17, Bd. I, 77.)

Darauf folgt die Geometrie, welche bewegte Körper nur bezüglich der Producte ihrer Bewegung betrachtet. Die Geometrie hat zu beantworten, was die Bewegung eines Punktes, was die Bewegung einer Linie hervorbringt, welche Figuren entstehen durch Addition und Multiplication, durch Subtraction und Division von Bewegtem. Sie bedient sich dazu der compositiven Methode. (De corp. I, 6, 6, Bd. I, 63.)

Der Betrachtung der Wirkungen von Bewegungen schlechthin, folgt die Betrachtung der Wirkungen, die ein bewegter Körper in dem anderen hervorruft. Es ist zu untersuchen, welche Bewegung in den einzelnen Teilen eines Körpers stattfinden kann: ferner, welche Bewegung in einem ruhenden Körper erzeugt wird durch einen auf ihn stofsenden Körper, oder, wenn er selbst bewegt ist, auf welchem Wege und mit welcher Geschwindigkeit er sich nach dem Zusammenstofs bewegt, und wie sich die Bewegung auf einen dritten Körper fortpflanzt. Philosophiae pars de motu. (De corp. I. 6, 6, Bd. 1, 63.)

An vierter Stelle wird zu untersuchen sein, welche Bewegungen in den Teilen der Dinge die sinnlich wahrnehmbaren Veränderungen hervorbringen und welche Bewegungen in uns selbst ihre Wahrnehmung erzeugen. Dieser Teil der Philosophie heifst Physica (S. 67 u. 68), in ihr wird das analytische Verfahren angewandt. (De corp. I, 6, 6, Bd. I, 64.)

In diesen vier Teilen ist alles enthalten, was sich auf dem Gebiete der natürlichen Philosophie durch das beschriebene Beweisverfahren erklären läfst, von ihnen aus mufs jedes Schlufsverfahren versucht werden; oder es handelt sich garnicht um einen Vernunftsschluss, sondern um ungewisse Conjecturen. (De corp. I, 6, 6, Bd. I, 64.)

Der Physik folgt der zweite Hauptteil der Philosophie, die Ethik oder philosophia moralis, welche von den Bewegungen der Seele, den Leidenschaften handelt. Sie mufs der Physik folgen, weil die Ursache der Seelenbewegungen in Empfindung und Vorstellung zu suchen sind.

Die Reihenfolge der bisher genannten Teile der Philosophie ist strenge einzuhalten, da jeder durch den vorausgehenden bedingt ist. Die Ethik ist, wie eben gesagt wurde, nicht verständlich, ohne die Kenntnis der Physik. Die Physik fordert die Kenntnis der Bewegungen in den kleinsten Körperteilen, welche der über Bewegung handelnde Teil der Philosophie giebt, der seinerseits erst dann verstanden werden kann, wenn man aus der Geometrie gelernt hat, was einfach Bewegung wirkt. Daher würde man vergebens versuchen, die natürliche Philosophie zu erlernen, ohne Kenntnis der Geometrie[1]). (De corp. I, 6, 6, Bd. I, 65.)

Der Moral endlich folgt als dritter und letzter Hauptteil, gewissermafsen als Krönung des ganzen Systems der Wissenschaften

---

[1]) Das Verhältnis der philosophia prima zur Geometrie, der sie ihrerseits im System vorangeht, bleibt hier unberücksichtigt.

die Politik. Ihr wandte Hobbes, wie ich bereits in der Einleitung sagte, sein Interesse am lebhaftesten zu. (De corp. I, 6, 7, Bd. 1, 66.) Auf sie werde ich unten noch einmal kurz zurückkommen.

b. Das System der Wissenschaften im Leviathan.

Am reichsten gegliedert stellt sich das System der Wissenschaften im Leviathan (Lev. I, 9, Bd. III, 66) dar.

Historia und Philosophia werden einander gegenübergestellt. Die Geschichte soll Kenntnis von Thatsachen geben, sie teilt sich in Natur- und Völkergeschichte. Die Philosophie ist Wissenschaft von Beziehungen. Da die Körper Gegenstand der Wissenschaft sind, so muſs diese in derselben Weise geordnet werden, wie die Körper d. h. so, daſs das Allgemeine dem weniger Allgemeinen vorangeht, denn die universalia sind die Gründe der specialia und die Wissenschaft von den Einzelerscheinungen kann nicht verstanden werden ohne die Wissenschaft von den Universalien[2]).

Der allgemeinste Gegenstand der Wissenschaft ist der Körper mit seinen Accidentien, Gröſse und Bewegung. Was diese sind zu erklären wird daher die erste Aufgabe sein. Der Teil der Philosophie, welcher sie löst, heiſst philosophia prima.

Die entweder durch Figur oder Zahl begrenzte Gröſse, die Quantität, ist Gegenstand des zweiten Teils, der Geometrie und Arithmetik.

Die Bewegungen können sichtbar sein oder unsichtbar in den kleinsten Körperteilen stattfinden. Mit den sichtbaren Bewegungen hat sich die Wissenschaft der Mechaniker (De motu in dem System des De corpore) und der Architecten zu beschäftigen.

Die unsichtbaren, in den inneren Körperteilen wirkenden Bewegungen, die die sinnlich wahrnehmbaren Qualitäten der Dinge erzeugen, behandelt die Physica sive philosophia naturalis (unter letzterer Bezeichnung wurden in De corpore die bisher genannten Gruppen zusammengefaſst). Diese zerfällt wieder in so viele Zweigwissenschaften, als der Mensch Sinne hat. (z. B. Optik, Musik, u. s. w.)

Darauf folgt die Wissenschaft von den Himmelskörpern (in De corpore wird sie in der Physik mit behandelt) die Astronomie.

---

[1]) Universalia enim specialibus essentialia sunt, et proinde universalium scientia essentialis est scientia specierum, adeo ut haec, nisi per illorum lucem, percipi non possint.

Mit der Berechnung vom Erscheinen und Verschwinden der grofsen Himmelskörper beschäftigt sich die Meteorologie. Die Betrachtung der Teile der Erde läfst die Teilwifsenschaften: Gesteinlehre, Pflanzenlehre und Tierlehre entstehen. (Die wohl besser zur historia naturalis hätten gestellt werden sollen.) Aus der Betrachtung der Menschen und seiner Fähigkeiten erwächst die Ethik, Logik, Rhetorik (in De corpore sind Logik und Rhetorik nicht als besondere Teile angeführt; erstere ist vor den im Wissenschaftssystem angeführten Teilen behandelt) und endlich Politik sive philosophia civilis.

c. Die philosophia civilis.

Die Politik steht nicht in so engem Zusammenhang mit der Moral, wie letztere mit den übrigen Gliedern des Systems und diese untereinander. Die Grundlage der Politik, die Kenntnis der Leidenschaften und Begierden der Menschen, kann man auch der Erfahrung entnehmen, man ist nicht darauf angewiesen, sie durch ein Schlufsverfahren zu gewinnen. Deshalb ist die Politik nicht nur denen verständlich, die auf synthetischem Wege von den ersten Sätzen der Wissenschaft zur Erkenntnis der Seelenbewegungen fortgeschritten sind. (De corp. I, 6, 7, Bd. 1, 66).

Wie die Geometrie nach den Ausführungen in De homine (Sect. II, 10, 5, Bd. II, 93. s. S. 68) a priori zu demonstrieren ist, weil die Konstruktion ihrer Figuren durch uns selbst hervorgebracht wurde, so ist es auch die Politik und Ethik, denn auch dort sind die Grundlagen, die Gesetze und Verträge, denen wir die Begriffe „recht" und „billig", „unrecht" und „unbillig" verdanken, von den Menschen gemacht. (De hom. Sect II, 10, 5, Bd. II, 94).

Wie in den übrigen Wissenschaften, so will Hobbes auch in der Politik durch ein von Definitionen streng gesetzmäfsig fortschreitendes Schlufsverfahren zu seinen Ergebnissen kommen. Was den einzuschlagenden Weg anlange, sagt Hobbes, habe er nicht geglaubt, dafs hier eine in geordneter Rede gegebene Erklärung genüge, sondern er habe gemeint, mit der Materie des Staates anfangen, zu seiner Entstehungsweise übergehen und endlich zur ersten Quelle des Rechtes fortschreiten zu müssen. Wie man eine Maschine erst richtig verstehen lerne, wenn ihre Teile auseinander genommen sind, so sei es nötig, bei Erforschung des Staates, des

Rechtes, der Pflichten der Bürger, das Gemeinwesen, zwar nicht aufzulösen, aber wie ein Aufgelöstes zu betrachten. (Praefatio ad lectores zu De cive Bd. II, 145).

Durch Anwendung der analytischen Methode kommt er nun zu einem Grundsatz, der, wie er überzeugt ist, allgemeine Anerkennung finden mufs, nämlich, dafs beständig Mifstrauen und Unsicherheit herrschen würde, wenn die Menschen nicht durch Furcht gezwungen werden könnten, sich zu vertragen. Wer das mit Worten leugne, bestätige es durch sein Verhalten. Im Naturzustande herrschte demgemäfs ein Krieg aller gegen alle, der mit Notwendigkeit zu Verträgen führte. Das Produkt solcher Verträge ist auch der Staat, indem sich jeder Bürger eines Teils seiner natürlichen Rechte begiebt und sie dem, keinem verantwortlichen Staatsoberhaupt überträgt. Der Wille des Herrschers ist das höchste Gesetz, demgegenüber die einzelnen Staatsmitglieder vollkommen rechtlos und abhängig sind, nicht nur bezüglich ihres Besitzes, sondern auch ihrer Person, sogar ihrer Religion. — Für eine Menschenhorde, die nur durch Furcht von Raub und Mord abgehalten werden kann, freilich die geeignetste Verfassung. —

Ausführung hat Hobbes seinem System der Wissenschaften in den aus drei Büchern bestehenden Elementa philosophiae gegeben. In der Sectio prima: De corpore behandelt er die philosophia naturalis, der er die Computatio sive Logica (s. Einleitung zum dritten Teil) voranschickt, ihr folgen: philosophia prima, De rationibus motuum et magnitudinum (Geometrie und De motu) und viertens Physica, sive de naturae phaenomenis. Sectio II., De homine, behandelt die Ethik und Sectio III., De cive, die Politik. Letztere ging der Zeitverhältnisse wegen den beiden ersten Abteilungen voran, sie erschien 1647, De corpore 1655 und De homine 1658.

J. Ziel und Zweck der Wissenschaft.

Ziel und Zweck der Wissenschaft ist, das Eintreten vorausgesehener Wirkungen zu unserem Nutzen verwerten zu können, oder Wirkungen, ähnlich denen, die unser Geist erkannt hat, so weit es die Fähigkeit des Menschen gestattet, durch Menschenfleifs zur Bereicherung des menschlichen Lebens hervorzubringen. (De corp. I, 1, 6, Bd. I, 6) -- Wissenschaft befähigt uns, beliebig etwas auszuführen und herzustellen, gewünschte Wirkungen hervorzurufen, wenn uns ihre Ursachen bekannt sind: scientiae finis bonum humanum. (Lev. I, 5, Bd. III, 37). Hobbes verkennt jedoch den Wert des Wissens an sich nicht ganz. Er nennt die Wissenschaft die Nahrung des Geistes, wie die Speise die Nahrung des Körpers ist, aber während sich der Leib durch irdische Speise befriedigen lasse, könne der Geist mit Wissen nie gesättigt werden. (De hom. Sect II, 11, 9, Bd. II, 99).

Allein der Triumph und die stille Freude, Schwierigkeiten überwunden und fernliegende Wahrheiten aufgedeckt zu haben, sei nicht ein Preis, grofs genug, um für die Mühe zu entschädigen, die wissenschaftliche Arbeit erfordert; man mufs die erworbene Erkenntnis auch verwendbar machen, um sich belohnt zu sehen; scientia propter potentiam. (De corp. I, 1, 6, Bd. I, 6).

Wie grofse Erfahrung uns Klugheit giebt, so verleiht uns die Wissenschaft Weisheit. Die Weisheit ist der Klugheit überlegen, wie ein in der Handhabung der Waffen geschulter Krieger dem zwar geschickten, aber ungeschulten Kämpfer. (Lev. I, 5, Bd. III, 37).

Ende des darstellenden Teils.

2. Kritik der Lehre Hobbes vom Erkennen.

Zunächst in die Augen fallend ist in Hobbes Erkenntnistheorie die Verbindung der sensualistischen Lehre vom Ursprung aller Erkenntnis mit der rationalistischen Forderung, alle auf Notwendigkeit und Allgemeingültigkeit Anspruch erhebende Sätze aus Begriffen, Definitionen, zu beweisen.

Ich habe Hobbes Sensualismus als Konsequenz seiner Annahme der Galilei'schen Bewegungslehre dargestellt. (S. 9 u. 33.) Wenn alles Geschehen, auch das seelische, Bewegung ist und Bewegung nicht in einem Körper entstehen kann, sondern ihm von aufsen mitgeteilt werden mufs, so können auch innere Bewegungen, Seelen- und Geistesthätigkeiten, in uns nur durch Einwirkungen von aufsen hervorgerufen werden. Einwirkungen von aufsen werden uns allein durch die Sinne vermittelt, folglich mufs in den Sinnen der Ursprung aller Seelenthätigkeit, auch der des Denkens und Erkennens gesucht werden.

Hobbes Rationalismus findet seine Erklärung in dem hervorragenden Einflufs, den Aristoteles auf den erbitterten Gegner der Scholastik ausübt. Schon in den beiden ersten Teilen der Arbeit über „Sein und Geschehen", „Empfinden und Vorstellen" war auf diesen Einflufs hinzuweisen; in der Erkenntnislehre wird er der beherrschende. Auch äufserlich bekundet er sich in der häufigen Nennung des Aristoteles. So weit es sich um Polemik handelt, liefse sich das durch die Gegnerschaft gegen die Aristoteliker seiner Zeit erklären, aber oft beruft er sich auf Aristoteles, um durch dessen Autorität seine eigene Ansicht zu stützen.

Nicht nur in der Logik zeigt sich die Uebereinstimmung, sondern auch in den für die Erkenntnislehre überhaupt grundlegenden Anschauungen. Mit Aristoteles teilt Hobbes die Ueberzeugung, dafs Wissen Einsicht in die Gründe und damit Einsicht der Notwendigkeit des Gewufsten sei (S. 40). Wie Aristoteles lehrt er, dafs allgemeine und nothwendig gültige Erkenntnisse nur durch strenge Schlufsfolgerung aus Begriffen, aus

Definitionen zu gewinnen sei. Definitionen sind die Grundlagen für das wissenschaftliche Beweisverfahren (S. 48 und 63). Wie Aristoteles geht Hobbes von der Anschauung aus, dafs das Allgemeine nicht nur den Erkenntnisgrund des Besonderen enthalte, sondern seine Ursache. (s. J. Bergmann, Geschichte der Philosophie Bd. I, 212). (De corp. I, 6, 4, Bd. I, 61. S. 58. Lev. I, 9, Bd. III, 66) (S. 72).

Um daher Erkenntnis des Einzelnen zu erlangen, mufs man von dem Universalsten ausgehen. Bei Aristoteles sind die höchsten, d. h. allgemeinsten Wahrheiten, aus denen alle anderen bewiesen werden müssen, an sich bekannt und keines Beweises bedürftig, ebenso steht es für Hobbes fest, dafs die causa universalissima die Bewegung sei (S 59) und die seinem Beweisverfahren zu Grunde gelegten Definitionen selber sind nicht beweisbar (S. 63).

Weiter geben beide zwei Wege des Schlufsverfahrens an, von den Ursachen oder, was bei beiden, wie erwähnt, dasselbe ist, dem Allgemeinen zu dem Einzelnen, den Wirkungen und von den Erscheinungen umgekehrt zu den Ursachen (S. 57). Allerdings entspricht bei Hobbes der Weg von den Wirkungen zu den Ursachen nicht dem, was Aristoteles darunter verstanden wissen will, wenn er sagt: der Deduction müsse die Induction vorangehen. Auch Hobbes gewinnt die Grundlagen für sein deductives (synthetisches) Verfahren, von den Einzelerscheinungen ausgehend (S. 59), der von Aristoteles geforderten Induction entsprechend. Die sinnlichen Wahrnehmungen, die uns nur Einzelerscheinungen geben, bleiben der Ausgangspunkt für jedes Suchen nach Erkenntnis. Wie Aristoteles das Allgemeinste, das πρότερον τῇ φύσει und das Einzelne, das πρότερον πρὸς ἡμᾶς nennt, so bezeichnet auch Hobbes die notas sensuum als die nobis notiores, dagegen werden die universalia, die notiora naturae, uns erst durch ein Schlufsverfahren zugänglich (De corp. I, 6, 2, Bd. I, 60). Wir sind also genötigt, um von dem Allgemeinen oder den Ursachen auf deductivem Wege zu den Wirkungen fortschreiten zu können, uns zunächst eines Verfahrens zu bedienen, das uns von dem Einzelnen zum Allgemeinen führt. Dieses Verfahren besteht darin, lehrt Hobbes, dafs man immer neue Einzelbegriffe auflöst und so das in allen Begriffen enthaltene Allgemeine herausschält, also in Abstraction aus den Begriffen des Einzelnen. (S. 59). Bei dem in der Definition der Philosophie genannten zweiten Weg, von den Wirkungen zu den Ursachen, handelt es sich jedoch bei Hobbes nicht um Erkenntnis von Allgemeinem. Er sucht vielmehr die besonderen Ursachen der Einzelerscheinungen, um die so gewonnene Erkenntnis praktisch verwerten zu können. (S. 61 folg.)

So ergiebt sich für Hobbes der Widerspruch, dafs er auf der einen Seite notwendig und allgemein geltende Erkenntnis fordert, andererseits aber von der sinnlichen Wahrnehmung ausgeht, die uns nur für unsere Vernunft zufällige Kenntnis der Einzelfälle geben kann. Auch wenn die Erfahrungskenntnisse der Einzelfälle sich mehren, so kann daraus für die Erkenntnis nie notwendige Gültigkeit, sondern nur Wahrscheinlichkeit erwachsen.

Nach Hobbes vermögen wir durch die Sprache allgemein gültige Sätze zu gewinnen. Aber das Beispiel, welches er dafür anführt (S. 56) erklärt nicht, wie die Sprache dazu beiträgt die oben gezeigte Schwierigkeit zu lösen. Ein nicht der Sprache mächtiger, ein taubstumm Geborener, wäre wohl im Stande, durch Erwägung und Vergleichung zu erkennen, dafs die Summe der Winkel eines ihm vorgelegten Dreiecks gleich zwei Rechten sind; der Sprachbegabte würde dagegen, wenn er bemerkte, dafs jene Gleichheit nicht aus der Länge der Seiten oder irgend einer dem vorliegenden Dreieck besonderen Eigentümlichkeit entspringe, dafs sie eine beständige sei, bestimmt und allgemein erklären: Die Summe der drei Winkel eines Dreiecks sind gleich zwei Rechten. — Gerade darin, zu bemerken, dafs die Summe der Winkel in einem Dreieck beständig gleich zwei Rechten ist, dafs dieser Umstand nicht nur bei dem vorliegenden Dreieck oder einer Reihe sinnlich wahrgenommener Dreiecke zutreffend ist, liegt ja die Schwierigkeit. Was die Sprache dazu beiträgt, eine im Einzelfall oder in Einzelfällen gemachte Erfahrung zu einer notwendig und immer geltenden Erkenntnis umzuwandeln, wird aus dem angeführten Beispiel nicht klar. Deshalb ist es auch schwer einzusehen, weshalb der Taubstumme jene Bemerkung von der allgemeinen Anwendbarkeit des gefundenen Satzes auf alle Dreiecke nicht sollte eben so gut machen können, wie der Sprachbegabte.

Bei Hobbes kommt noch hinzu, dafs ihn die Behauptung, in allgemeinen Sätzen Wahrheit erkennen zu können, in einen Widerspruch verwickelt. Gedanke und Vorstellung soll ja dasselbe sein. (De corp. I, 5, 9, Bd. I, 54) (S. 34).

Allgemeine Vorstellungen aber giebt es nicht. (De corp. I. 5, 8, Bd. I, 53 und 54.) (S. 45.)

Eine Rede, deren Worten keine Gedanken in unserem Geiste entsprechen, ist eine oratio insignificans und absurd. (De corp. I, 3, 1, Bd. I, 26.)

Danach müfste ein allgemeiner Satz absurd sein, da seinen Worten keine Gedanken in unserem Geiste entsprechen können. — Hobbes sucht den Widerspruch, der sich hier zeigt, zu beseitigen dadurch, dafs er durch das universale Wort eine Einzelvorstellung gewissermafsen als Vertreter der Gattung, in unserem Geiste erzeugt werden läfst; wie ein Maler, der, um einen Menschen überhaupt zur Darstellung zu bringen, das Bild irgend eines bestimmten Menschen malen mufs. (De corp. I, 6, 15, Bd. I, 74.) Für die grofse Menge der Abstrakta bleibt der Widerspruch aber bestehen.

In Hobbes Erkenntnislehre fällt die Behauptung auf, es stehe an sich fest, dafs die Bewegung die causa universalis sei. Man sieht zunächst nicht ein, woher uns diese Gewifsheit a priori kommt. Der Satz soll weder der Erfahrung entnommen sein, und könnte es auch nicht, noch aus Definitionen durch ein Schlufsverfahren gewonnen sein. Eine angeborene Idee in Cartesius Sinne, eine Idee, die wir ohne alles Hinzukommen der Erfahrung allein aus unserem Ichbewufstsein gewinnen, kann hier natürlich nicht in Frage kommen. Auch kann es keine angeborene Idee in dem Verstande sein, den Locke irrtümlicherweise Cartesius unterschob, eine fertig mit auf die Welt gebrachte Idee.

Schon Hobbes Lehre von dem Ursprung aller Erkenntnis würde es unwahrscheinlich machen, dafs er an eine angeborene Idee gedacht habe. Aufserdem erklärt er in den Object. ad Cart. med. ausdrücklich, dafs es angeborene Ideen nicht gäbe, (quare nulla idea est innata, nam quod est innatum semper ad est. Object. 10, Bd. I, 267) auch nicht in Cartesius Sinne; das Ichbewufstsein erwächst bei ihm aus der sinnlichen Erfahrung: Praeterea, idea mei ipsius mihi oritur, si corpus meum spectetur, ex visione. (Object. ad Cart. med. Object. 7, Bd. V, 263).

Auch die Definitionen und propositiones primae, die selber Definitionen sind, erfordern keinen Beweis, wir bedürfen, um sie zu gewinnen nur der natürlichen Geisteskräfte. An anderer Stelle (Princip. et Probl. Bd. V, 157) sagt er, Prinzipien seien auch alle Sätze, die lumine naturali einzusehen sind, d. h. durch die natürliche allein durch Gebrauch und Erfahrung geübte, nicht durch eine erworbene Methode geschulte Denkkraft. Es bleibt nur übrig anzunehmen, auch die Gewifsheit des Satzes, dafs die Bewegung die causa universalis sei, gebe uns der sogenannte gewöhnliche Menschenverstand, den er im übrigen der wissenschaftlichen Erkenntnis prinzipiell unterordnet. (so De corp. I, 1. Lev. I, 5, Bd. III, 37).

Zur Grundlage seines Beweisverfahrens macht Hobbes Definitionen, Begriffserklärungen, deren Gültigkeit durch Uebereinstimmung des Beweisenden und dessen, dem bewiesen wird, festgesetzt ist. (S. 48 und 63). Die daraus abgeleiteten Sätze können keine Bürgschaft dafür geben, dafs sie wirkliche Erkenntnisse über die Dinge enthalten. (Unde colligimus ratione nihil omnino de natura rerum, sed de earum appellationibus: nimirum, utrum copulemus rerum nomina secundum pacta, quae arbitrio nostro fecimus circa ipsarum significationes, vel non. — Object. ad Cart. med. Object. IV, Bd. V, 258) sie können nur bedingungsweises Wissen geben. Zu dieser Ansicht bekennt sich Hobbes, wie wir sahen, im Leviathan und er kommt zu dem Ergebnis, dafs ein wissenschaftlicher Streit nur durch Richterspruch oder Waffen entschieden werden könne. (S. 69.)

Eine weitere Schwierigkeit erwächst in der Frage: wie können überhaupt aus Definitionen, (Begriffserklärungen), Erkenntnisse gewonnen werden, die mehr als blofse Tautologien sind. Hobbes hat diese Schwierigkeit bemerkt und zu heben gesucht, indem er erklärte, die Definitionen müfsten die Ursachen des Definierten enthalten. Aus einer Definition, die nicht die Gründe angäbe, erwachse keine Erkenntnis, denn Erkenntnis ist Wissen der Gründe und, wenn diese nicht in der Definition enthalten wären, könnten sie nicht in das Beweisverfahren gelangen und sich daher auch nicht in der Conclusio finden. (De corp. I, 6, 13, Bd. I, 73. Exam et Em. math. hod. Bd. IV, 87. Princ. et. Probl., Bd. V, 156) (S. 63).

Von den einzelnen Erscheinungen können wir aber zur Erkenntnis nur der möglichen Ursachen gelangen (S. 67). Sichere Erkenntnis läfst sich allein aus Definitionen gewinnen, die nicht die blofs mögliche, sondern die wirkliche Entstehungsweise der Dinge angeben. Wie ein Ding thatsächlich entstand, vermag aber nur der zu wissen, der es entstehen liefs oder es doch entstehen lassen könnte. So ist es nur möglich, wirkliche Erkenntnis aus

Begriffen zu gewinnen, deren Gegenstand wir hervorbringen können. (De hom. 10, 11, Bd. II, 92) (S. 68).

Plato hatte behauptet, dafs alle vollkommene Erkenntnis Erkenntnis aus Begriffen sei und Aristoteles lehrt, dafs alle nicht aus Begriffen gewonnene Erkenntnis kein Wissen, sondern blofses Meinen sei. Die Frage, wie wir Begriffe ohne Hülfe der Erfahrung besitzen können, findet bei Plato ihre Beantwortung in der Annahme der Wiedererinnerung an die in der Präexistens angeschauten Ideen gelegentlich der Sinneswahrnehmung: sie werden von der Erfahrung, jedoch nicht durch die Erfahrung gewonnen. Die Platonischen Ideen sind also das, was die neuere Philosophie angeborene Begriffe genannt hat; Begriffe, welche die Vernunft nicht den Sinnen verdankt, sondern aus sich selbst schöpft. Die sinnliche Wahrnehmung bewirkt nur, dafs diese ursprünglich in der Vernunft verborgenen Begriffe zum Vorschein kommen. (Bergmann, Geschichte der Philosophie Bd. I, 73). Nach Aristoteles liegen die betreffenden Begriffe der Anlage nach in unserer Seele und wir gewinnen sie durch Selbstanschauung des Denkens. Sie sind also ebenfalls angeborene Begriffe.

Hobbes hatte, wie wir sahen, die hier liegenden Schwierigkeiten bemerkt und zu beseitigen gesucht, aber als Problem erfafste er sie nicht, so wenig wie nach ihm Cartesius, Locke und Hume. Leibniz bemerkte das Problem wohl, aber er hat eine befriedigende Lösung dafür nicht gefunden. Wie bei Hobbes die propositiones primae, die zu Grundlagen eines Beweisverfahrens gemacht werden, in Erklärung des Gegenstandes des Beweisverfahrens bestehen sollen und, wenn Erkenntnis aus ihnen gefolgert werden soll, die Entstehungsweise ihres Gegenstandes enthalten müssen, so fordert Leibniz, dafs die primitiven Vernunftwahrheiten in Realdefinitionen bestehen und die Möglichkeit ihres Gegenstandes erkennen lassen. Realdefinitionen aber kann die Vernunft ohne Hülfe der Erfahrung nur von angeborenen Ideen geben. Die angeborenen Ideen sind also die Quelle der angeborenen oder notwendigen Wahrheiten. Die Möglichkeit aus Definitionen durch strenge Schlufsfolgerung Erkenntnis zu gewinnen, weist Leibniz an dem Beispiel des Satzes $2 + 2 = 4$ nach, aus der Definition der Zahlen dieses Satzes, zeigt er, dafs $2 + 2$ mit $2 + 1 + 1$, dieses mit $3 + 1$ und folglich $2 + 2$ mit $3 + 1$ oder 4 identisch ist. (J. Bergmann, Geschichte der Philosophie, Bd. I, 441 und 442).

Bei Leibniz und seinen Vorgängern war also das Problem, das die Erkenntnis a priori enthält, durchaus nicht unbemerkt geblieben; es wurde mithin nicht erst durch Kant entdeckt, wohl aber erhielt es von ihm die Formulierung: Wie sind synthetische Urteile a priori möglich? Ob diese Fassung des Problems und seine Lösung durch Kant die endgültig richtige ist, bleibt abzuwarten. (s. darüber J. Bergmann, Geschichte der Philosophie, Bd. II, 27 u. folg.)

Ende.

Verbesserungen.

Lies: Seite 1 Zeile 1 siebzehnten
„ 1 „ 12 Laſs
„ 1 „ 21 müſsten
„ 2 „ 21 gebe
„ 3 „ 12 läſst
„ 5 Anmerk. definiert
„ 8 Zeile 1 muſs
„ 24 Anmerk. 3 Zeile 3 siebzehnte
„ 35 Zeile 1 Übergang

Lies: Seite 37 Zeile 1 Berechtigung
„ 38 „ 9 definiert
„ 41 „ 14 völlig
„ 42 „ 25 eine
„ 45 „ 10 nomina
„ 46 „ 19 definiert
„ 49 „ 23 Kategorisch
„ 49 „ 28 kategorische

Vita.

Am 13. Februar 1865 wurde ich zu Kiel geboren als erster Sohn des Rechtsanwalts und Königlichen Notars, Justizrat Brandt und dessen Gattin Dorothea, geb. Mordhorst. Ich besuchte bis Ostern 1880 das Gymnasium meiner Vaterstadt, darauf das Gymnasium zu Rendsburg. Michaelis 1886 bezog ich die Universität Kiel. Vom Sommersemester 1888 bis zum Winter 1893/94 studierte ich in Marburg, um dann in meine Vaterstadt zurückzukehren, wo ich am 16. Februar 1895 das Doctorexamen bestand.

Während meiner Studienzeit habe ich bei folgenden Herren Docenten Vorlesungen gehört, respective an Übungen teilgenommen, in der:

Philosophie bei den Herren Professoren Geh. Rat Dr. J. Bergmann in Marburg; Dr. G. Glogau, Dr. P. Deussen und Dr. Krohn in Kiel;

Kunstgeschichte bei den Herren Professoren Dr. v. Öttingen in Marburg; Dr. Matthaei in Kiel;

Archäologie bei Herrn Prof. Dr. v. Sybel;

Germanistische Philologie bei den Herren Professoren Dr. M. Koch, Dr. Lucae, Dr. Edw. Schröder, Dr. Kauffmann und Dr. Köster in Marburg; Dr. Schütze und Dr. O. Erdmann in Kiel;

Klassische Philologie bei Herrn Prof. Dr. Wissowa in Marburg;

Geschichte bei Herrn Prof. Dr. Varrentrapp in Marburg;

Anatomie bei den Herren Professoren Dr. Gasser und Dr. Strahl in Marburg.

Thesen.

I. Die socialdemokratische Weltanschauung ist eine unsittliche, weil widernatürliche.

II. In den Bauwerken des romanischen Stils kommt die specifisch deutsche Kunst am reinsten zum Ausdruck.

III. Das christliche Kirchengebäude hat sich aus dem Atrium des römischen Wohnhauses entwickelt.

Opponenten:

Herr Dr. med. **Carl Dose**, pract. Arzt.

„ **Splieth**, Kustos am Museum vaterländischer Altertümer.

„ Referendar **Poppendieck**.

Ich möchte nicht versäumen an dieser Stelle vorstehenden Herren für die Förderung meiner Studien meinen herzlichen Dank auszusprechen. Ganz besonders fühle ich mich Herrn Geh. Rat Prof. Dr. Bergmann, dem ich auch die Anregung zu dieser Arbeit verdanke, für das grofse Wohlwollen, welches er mir jederzeit entgegenbrachte, verpflichtet. Ferner mufs ich mit besonderem Danke, zugleich mit dem Gefühl wehmütiger Trauer des Herrn Prof. Dr. Glogau gedenken, der während der Drucklegung meiner Dissertation, deren wohlwollender Referent er war, im fernen Griechenland den plötzlichen Tod fand.